Jean-Louis Dupouy

Viet-Nam notre bonheur

Une adoption : le dernier dossier

Éditions de l'Ayguebelle

Le Vietnam, partie orientale de la péninsule indochinoise, connaît une histoire mouvementée, faite de lutte contre la domination étrangère autant que de rivalités entre les peuples de ce pays : les Viêts, les Chams, les minorités kmères et chinoises, etc., les premiers l'emportant progressivement sur les autres.

Au fur et à mesure de son expansion coloniale dans la deuxième moitié du XIXe siècle, la France va conquérir nombre de ces territoires et créer ainsi l'Indochine française, constituée de la colonie de Cochinchine (le sud de l'actuel Viet-Nam), des protectorats de l'Annam et du Tonkin (centre et nord), des protectorats du Laos et du Cambodge. À la différence de la colonie, les protectorats conservaient un pouvoir d'origine locale, la dynastie Nguyen pour le Vietnam, mais ce pouvoir demeure symbolique.

L'éviction de la France par le Japon pendant la seconde guerre mondiale a créé un vide à l'issue du conflit, dans lequel s'est engouffré le Viet Minh, mouvement de libération nationale contrôlé par le parti communiste indochinois dirigé par Ho Chi Minh ; à compter de 1945 et durant près de 40 ans, l'histoire du Viet Nam est celle de la guerre. La « guerre d'Indochine » gagnée contre la France en 1954 et qui se termine par les accords de Genève, partitionnant en deux le pays : le Viet Nam du Nord, communiste, et celui du Sud, protégé par les États-Unis ; puis à la suite du conflit entre le Nord et le Sud, ce fut la « guerre du Viet Nam » gagnée contre les États-Unis en 1973 ; enfin, en 1975, le Nord annexe le Sud et le pays devient la République socialiste du Viet Nam. Ayant opté pour l'URSS plutôt que pour la Chine, le pays entre en guerre en 1978 contre le Cambodge dirigé alors par les Khmers rouges soutenus par Pékin.

Il se retire du Cambodge en 1989, les relations sont rétablies avec la Chine en 1989. La baisse de l'aide économique de l'URSS à la suite de la Perestroïka et la levée de l'embargo des USA en 1994 amène le pays à décollectiviser l'agriculture et à s'ouvrir aux capitaux extérieurs, pour reconstruire un pays ravagé par des décennies de guerre. Le pays connaît une très forte croissance économique, mais la croissance démographique, également très forte fait qu'en 2013 le Viet Nam se situait encore au 134ème rang mondial pour le PIB par habitant (1902 dollars, contre 44099 pour la France par ex la même année, *source FMI*).

Ho Chi Minh (1890-1969) est une figure dominante de ces conflits et de l'indépendance du VietNam : l'ancienne capitale du Sud : Saigon, sera rebaptisée Hô Chi Minh Ville en 1975.

PROLOGUE

La femme qui vit à mes côtés, je l'ai rencontrée en 1979 et nous nous sommes mariés en 1983. D'un commun accord, nous avons décidé de bâtir solidement notre avenir professionnel avant d'avoir un enfant. J'avais alors la trentaine, mon épouse deux ans de moins que moi.

Après quelques années d'un travail intense, nous étions prêts pour concevoir le fruit de notre amour. Mais ça ne s'est pas passé naturellement comme nous l'espérions, et nous avons dû faire appel à une assistance médicale, une « *fécondation in vitro* » (FIV). Plusieurs FIV ont échoué, mais cette suite d'échecs n'avait en rien entamé notre volonté d'avoir un enfant et nous nous sommes tournés vers l'adoption : il nous fallait donc préparer les démarches correspondantes.

En 2001, j'avais 46 ans, nous avons redéposé un dossier de demande d'agrément pour l'adoption, agrément validé un an plus tard et valable cinq ans. L'adoption est un parcours long, dur, éprouvant même et la peur du refus nous rendait insupportable cette attente. Les rencontres avec les psychologues nous rendaient quelquefois maladroits, très certainement à cause du stress. Chaque entretien nous rendait nerveux, nos réponses venaient difficilement, certaines questions nous mettaient mal à l'aise, sauf évidemment quand on nous demandait : voulez-vous vraiment un enfant ? En êtes-vous sûrs ?

A chaque fois nous repartions la peur au ventre et nous nous posions toujours la même question : « avons-nous été bien ? »

Maintenant, et tant que la mémoire ne me fait pas défaut, je vais raconter notre histoire, pour que mon fils puisse connaître avec exactitude le récit de cette période de sa vie, de notre vie ; pour vous faire partager notre parcours : **avoir un enfant**.

Comme pour la première fois, nous avions choisi de faire ces démarches en individuel, c'est-à-dire sans passer par les associations qui aident les familles désirant adopter à trouver un enfant. C'est pourtant plus sûr, ces associations permettent d'éviter les escrocs, sans pitié et nombreux à cette époque et normalement il n'y a pas de mauvaise surprise. À l'inverse, des couples se sont ruinés en voulant agir individuellement et n'ont jamais eu l'enfant qui pourtant leur avait été promis. Chacun a certainement déjà vu comme nous dans des émissions télévisées, les témoignages de familles qui se sont ainsi ruinées. C'est terrible en effet de mettre toutes ses économies dans le rêve, le fol espoir peut-être et pourtant le besoin d'avoir un enfant, et de tout voir disparaître en vain.

Cependant, nous avons pris ce risque : d'une part le passage par une association exigeait une avance financière au-delà de nos possibilités et d'autre part, nous voulions choisir nous-mêmes notre futur enfant.

Nous avons donc fait parvenir à la Mission Adoption Internationale (MAI) une copie du nouvel agrément qui nous avait été remis par le conseil général (départemental depuis). La MAI nous avait en effet conseillé de faire nos recherches vers l'étranger.

Pendant la période du premier agrément, nous avions fait parvenir notre demande d'adoption à divers pays d'Afrique, ou à des pays de l'Est etc. Le résultat ? Que des échecs… refus par apport à notre âge, dossiers envoyés restés sans réponse, etc.

Bien sûr, nous aurions préféré avoir un enfant français, de préférence un bébé, mais c'était impossible pour nous : c'est très difficile en effet d'adopter, les demandes sont nombreuses, très nombreuses, et le délai d'attente peut être de cinq ans, voire dix ans pour un bébé.

Si nous voulions aller plus vite, nous pouvions adopter un enfant âgé de dix ans et plus. Mais certains enfants ne sont pas faciles à élever quand ils ont un passé parfois lourd, nous l'avions appris par des couples ayant adopté de grands enfants ; et nous n'étions pas prêts pour ça.

Plus le temps passait, plus nous nous posions cette même question : allions-nous rester seuls et finir nos jours sans connaître la joie d'un enfant, de notre enfant ? La joie de le voir grandir, de l'amener à l'école, de l'éduquer pour qu'il bâtisse son avenir et construise sa vie ?

Y penser, y penser toujours … et quel manque pour une femme de ne pas pouvoir élever son enfant ! C'était très difficile pour mon épouse qui n'acceptait pas cette situation et ne pouvait s'y résoudre.

Le vivre au quotidien n'est pas une simple affaire, et au fil du temps ce sont des reproches constants : pourquoi avons-nous fait toutes ces FIV ? Pourquoi as-tu accepté la conservation des paillettes ? Pourquoi ne pas avoir choisi une FIV avec donneur ? Et pourquoi ? Pourquoi ? Il y a tellement de pourquoi...

Plusieurs gynécologues nous disaient que nous avions une chance, qu'il fallait aller jusqu'au bout ; d'autres, moins affirmatifs, proposaient de faire différemment. Celle de mon épouse avait affiché dans son cabinet une demande de donneur de spermatozoïdes. Un ami ostréiculteur du bassin d'Arcachon s'était proposé pour nous permettre d'avoir un don plus rapidement (pour ceux qui ne le sauraient pas, le don de sperme est anonyme ; le don de notre ami avait pour but de servir un autre couple, ce qui aurait accéléré notre demande).

Un spécialiste de la clinique Bordeaux-Nord m'avait dit qu'il y avait des chances de réussite en faisant une biopsie testiculaire et une ponction épididymaire pour un prélèvement de spermatozoïdes, le résultat pouvait être bon mais pas excellent. Ils ont congelé les paillettes qui serviront pour les prochaines FIV

Alors qu'il nous restait encore deux FIV possibles, nous avons reçu un courrier nous demandant si nous voulions continuer : Mon épouse ne voulait pas. Le chirurgien me disait qu'il y avait des chances que ça réussisse, minimes certes mais il y avait des chances quand même. Alors je ne savais pas trop où j'en étais… dans ce courrier figurait un document à remplir pour confirmer si l'on voulait conserver les paillettes ou au contraire les détruire… Mince, j'acceptais la conservation !

Nous arrivions ainsi à la dernière insémination, avec cinq embryons : l'espoir revenait et nous croisions les doigts. Mon épouse, pour cette implantation, avait subi une préparation particulière pour mettre toutes les chances de notre côté ; le corps médical nous avait dit en effet que c'était la dernière tentative, et qu'il fallait tout faire pour que ça réussisse.

J'ai même assisté à l'implantation : c'était incroyable, tout simplement incroyable ; mon épouse était tendue, moi aussi, quel moment ! Il faut savoir que pour une femme c'est très éprouvant : se rendre tous les deux jours à l'hôpital et tous les jours une injection d'hormones, et j'en passe.

Quelques jours plus tard, après la visite chez la gynécologue, la sanction tombait : aucun embryon n'avait tenu. Huit fécondations in vitro, c'était l'échec, c'était foutu, c'était du temps perdu pour rien, et pendant ce temps, les délais pour l'adoption couraient…

Revenons justement à l'adoption.

Je me souviens d'un de ses moments très difficiles. Mon épouse est originaire d'Afrique du nord, elle est née à Fondouk. Son père nous avait proposé de rencontrer le consul d'Algérie à Bordeaux pour parler de notre projet d'adoption. Très heureux de pouvoir nous aider, il nous avait présenté une femme, médecin à Alger et de passage en France. Celle-ci voulait bien nous aider et faire le nécessaire. Il y a en effet beaucoup d'enfants à adopter en Algérie et elle nous proposait de faire gratuitement les démarches : une femme charmante, sa proposition était séduisante.

Deux mois plus tard elle demandait à mon épouse de partir pour l'Algérie : elle allait lui présenter un bébé ; moi, je ne pouvais pas car je suis Français et c'est plus compliqué. Mon épouse de par son origine musulmane devait avoir plus de chance. Elle était accompagnée de son père qui a de très bonnes relations dans le pays ; c'est un homme dur avec sa famille mais très agréable avec les autres, je dois dire qu'il m'apprécie beaucoup et nous nous entendons très bien.

Pour des raisons personnelles, mon beau-père avait

décidé de prendre le bateau à Marseille, ils avaient prévu un séjour d'environ trois semaines. Nous avions fait le trajet en voiture, ma belle-mère nous accompagnait. Comme nous étions arrivés en avance, nous sommes allés manger une bouillabaisse sur la Canebière au vieux port. J'en ai gardé un très bon souvenir.

Sa maman est une femme adorable ; au moment du départ, elle avait serré sa fille longuement dans ses bras et, les larmes aux yeux, l'avait rassurée : « ma fille, tu vas réussir ».

— Tu te rends compte, m'avait dit mon épouse, je pars pour la première fois avec mon père qui a décidé de nous aider, au pays, au bled, là où je suis née, nous partons chercher un enfant. Je vais en profiter pour voir la famille : je suis partie de là-bas j'avais cinq ans, et de souvenirs il ne me reste que quelques images ».

Pour fêter son arrivée, ils avaient organisé une grande fête : les youyous des femmes se faisaient entendre dans tout le quartier. On peut facilement imaginer cette joie des retrouvailles : "un enfant du pays". La femme que nous avions rencontrée l'accompagnait pour voir le bébé à adopter : c'était un garçon, et elle lui avait donné tous les renseignements le concernant.

— Tu verrais comme il est beau, m'avait dit ma femme au téléphone, tu seras un papa comblé.
— Merci, mais ma chérie, pourquoi pas une fille?
— Non je préfère les garçons.
— Et pourquoi ?
— Tu es le seul garçon dans ta famille, donc il portera le nom de ta famille ; je pense que ton père sera fier d'avoir un petit-fils.
— Oui, c'est vrai, tu as raison, tu sais mon père t'adore et là tu lui feras le plus beau des cadeaux.

L'affaire avait cependant mal tourné : son père, un peu gêné, m’avait dit au retour qu'après les rencontres avec les autorités, ils voulaient bien nous donner l'enfant à la seule condition que je me convertisse et devienne musulman. Aïe, là ça me cause un problème : je suis catholique et d’ailleurs je ne vois pas pourquoi il aurait fallu que je fasse cela.

— Écoute, me dit-il, tu sais, tu peux garder ta religion, tu le fais juste pour l'adoption et puis après tout tu t'en fous.
— Oui, oui je vais réfléchir.

Nous rentrons chez nous : nous étions locataire dans une petite maison, dans un village du Médoc. À notre arrivée nous entamons une discussion sur le sujet : là, je dois dire, pas simple l'histoire.

— Tu sais, me dit mon épouse, je ne comprends pas pourquoi ils te demandent de changer de religion, j’étais au courant depuis quelques jours et je ne savais pas comment te le dire.
— Moi, je ne suis pas d'accord, ils font du chantage, je n’apprécie pas du tout, ce n'est pas bien de faire ça !
— Chéri, si tu n’en as pas envie, je soutiens ton refus, il y a d'autres pays et nous sommes à mi-chemin de l'agrément, donc nous avons encore du temps devant nous pour trouver un enfant.
— Donne-moi quelques jours de réflexion.

Une semaine s'est écoulée, nous annonçons notre refus à sa famille et sans commentaire ils acceptent notre décision.

LE VIET-NAM ?

Mon épouse travaille dans une grande surface proche de chez nous, avec des horaires difficiles à gérer ; quant à moi, je suis chef de cuisine dans un restaurant à Margaux, les horaires de travail ne sont pas meilleurs, mon poste de Chef de Cuisine me prend beaucoup de temps, et même certains jours de repos se passent dans la cuisine de cet établissement. Les coupures de l'après-midi je les comble en construisant notre maison ; j'ai donc très peu de temps libre pour penser à autre chose.

Pourtant, cela ne nous fait pas oublier que nous sommes à la recherche d'une solution pour l'adoption : plus on avance dans le temps, plus la porte se referme et nous éprouvons une sorte d'impuissance. Il devait nous rester environ dix-huit mois avant la fin de l'agrément. Un matin mon épouse prend son travail au rayon poissonnerie. Elle est très appréciée par sa direction, ses collègues et les clients l'aiment beaucoup et avec les habitués elle discute de choses et d'autres. Il lui arrive quelquefois de confier à des mamans qu'elle connaît de longue date sa souffrance de ce manque d'enfant, son projet d'adoption, etc.

Un matin une femme qu'elle connaît arrive avec une petite fille de type asiatique, elle a le sourire : elle la lui présente et lui dit qu'elle vient de l'adopter, que ça a été facile.

Elle est née au Vietnam, dans la province du nord à Hanoï et elle a trois ans. Mon épouse est très émue de voir cette femme si heureuse, elle lui demande comment elle a fait. Question évidente, bien sûr. La cliente lui répond que dans ce pays l'adoption est encore ouverte et qu'elle connaît un ami qui y travaille, qui l'a beaucoup aidée ; il lui a surtout évité de faire beaucoup d'allers-retours entre la France et le Vietnam.

— Si vous voulez, lui dit-elle, je vais vous mettre en relation avec lui, il pourra certainement vous aider, il vit sur place et travaille à Hanoï.

Quand je débauche – je rentre aux alentours de minuit – mon épouse m'attend et me raconte sa journée, sa rencontre avec cette dame et cela nous donne de l'espoir. Dès le lendemain je me mets au travail et prépare le dossier de demande pour le Vietnam. Nous invitons cette dame à la maison qui essaie de nous mettre à plusieurs reprises en contact avec son ami. C'est encore un échec, nous ne recevons aucune réponse de sa part et nous nous retrouvons à nouveau dans une impasse.

Quelques jours plus tard nous avons une nouvelle discussion avec mon épouse et nous décidons que je prenne les choses en main. Je réunis tous les éléments, nous choisissons la province du sud, Hô Chi Minh Ville, anciennement Saïgon, avec le souhait toujours aussi vif d'avoir un bébé. Je fais traduire notre dossier par l'ambassade du Vietnam à Paris et en suivant j'envoie notre demande d'adoption par courrier au ministère de la Justice d'Hanoï et une copie à la MAI.

Deux mois plus tard, nous recevons un courrier qui nous informe de l'acceptation de notre demande d'adoption :

enfin du positif ! Un grand soulagement qui nous donne une lueur d'espoir.

Commence alors une longue attente : plusieurs mois, au moins six, se sont écoulés et toujours pas de nouvelles, aucun orphelinat du Sud ne nous répondait. Entre-temps un problème de santé me fait perdre mon travail : à la suite d'une opération chirurgicale ratée d'un *hallux valgus* au pied droit, je me retrouve avec une incapacité de travail de longue durée.

Nous sommes en juin, il ne nous reste plus que cinq mois avant que le dossier ne devienne caduc : je médite beaucoup, j'ai du temps libre pour me concentrer sur notre projet. Alors un matin je décide de téléphoner à la MAI : je veux leur demander où en est notre demande d'adoption, acceptée par le ministère de la Justice d'Hanoï, leur dire que nous n'avons aucune nouvelle depuis et rien non plus de la part des orphelinats. Une femme décroche, m'indique qu'elle va chercher notre dossier pour comprendre ce qui se passe. Quelques minutes plus tard, d'une voix ferme et désolée, elle me dit :

— Monsieur, votre candidature est celle d'une adoption individuelle, vous pouvez attendre et attendre longtemps avant que les orphelinats de la province du Sud Vietnam vous proposent un enfant ; il faut vous rendre sur place pour repérer et choisir un enfant ; votre dossier est très vieux, vous êtes en fin d'agrément, vous n'avez plus beaucoup de temps devant vous.

Je tombe sur ma chaise et pendant quelques instants je reste sans réaction.

— Monsieur, monsieur, vous êtes là ?
— Oui, bien sûr, je suis là, assommé certes, mais je suis bien là !

— Je ne peux rien faire de plus pour vous, je vous souhaite du courage et bonne chance.

Le soir, au retour de mon épouse, je lui explique la situation ; contrariée, et le mot est faible, elle part dans la chambre et s'isole avec son chagrin.

— Je ne baisserai pas les bras, lui dis-je, nous avons sans doute encore la possibilité d'y arriver, je verrai demain à tête reposée.

Au petit matin je me fais un café que je touille longuement, je réfléchis sur la façon de m'y prendre, je fais le point sur l'ensemble et sur mes besoins de communication. Il va bien falloir… et je décide de m'acheter un PC. Novice, maladroit au début, je passe des journées complètes à me familiariser avec ce nouvel appareil. Une fois branché à internet, je navigue, je cherche un peu tout, je consulte un guide pour voyageurs, j'y trouve des informations générales sur le Vietnam, des informations intéressantes, sa monnaie, ses coutumes, les adresses des orphelinats que nous avons répertoriés, etc.

Sur un forum, je tombe sur le message d'une jeune femme étudiante, qui se propose comme guide touristique, elle parle français. J'en profite pour récupérer son adresse électronique, elle s'appelle Nhu. Je lui envoie un message : je lui explique notre projet d'adoption, que nous sommes à la recherche d'un ou d'une interprète pour accompagner mon épouse lors de son prochain voyage au Vietnam.

Une autre application m'intéresse : celle qui permet de survoler le monde. Je me positionne au-dessus du Vietnam, j'ouvre les nombreuses photos proposées, je vois les rues d'Hô Chi Minh, son aéroport... je me mets à rêver !

Je reviens vite à la réalité et cherche un guide pour trouver un endroit où dormir. Un clic sur une auberge de jeunesse et je tombe directement sur une *guest house* très bien notée dirigée par Xavier, un francophone qui propose des séjours à prix intéressants. Je l'appelle et discute avec lui de notre projet. Dans un excellent français, il me rassure et me dit qu'il a déjà reçu des adoptants dans son établissement. Je lui propose de le rappeler pour fixer la date d'arrivée de mon épouse. Je retourne « survoler » le Vietnam et à force de chercher sur le district où se situe l'hôtel de Xavier, je trouve son établissement ; en zoomant, je distingue bien la rue et l'entrée de l'auberge ; et en plus, il a l'avantage de se trouver près de l'aéroport Tan Son Nhat.

Dans l'après-midi, je me rends à l'aéroport de Bordeaux-Mérignac pour réserver un billet d'avion pour le 10 septembre 2007. Soucieux de la sécurité de mon épouse, j'ai choisi cette date : en raison des événements d'un 11 septembre noir que tout le monde connaît, je pense pour ma part qu'il y aura une vigilance accrue ce jour-là. Départ de Bordeaux vol AF7629 avec escale à Paris Charles De Gaulle ; départ de Paris 19h20 vol AF0164 avec escale à Bangkok et arrivée enfin à Hô Chi Minh.

Je ne dis rien à mon épouse, car je veux lui réserver la surprise le soir même, quand elle va rentrer de son travail. En attendant, je fais le point financier et de ce dont elle aura besoin pour son voyage, car je pense qu'elle devra vivre sur place au moins un bon mois. En fin de soirée, je lis les messages reçus sur ma boîte mail : j'ai celui de Nhu avec en pièce jointe son CV accompagné d'une photo. Elle me dit qu'il n'y a pas de problème, qu'elle sera heureuse d'accompagner ma femme dans son projet d'adoption et pour elle ce sera une nouvelle expérience. Elle a 22 ans, d'origine cambodgienne, et elle fait depuis plusieurs années ses études au Vietnam. Après l'avoir eue au téléphone, je peux ajouter qu'elle a une voie douce, mais avec son accent, j'ai quand même quelques difficultés à la comprendre. J'appellerai Xavier demain pour réserver la chambre et organiser son séjour. Je prépare le dîner, je pose dans son assiette, glissé dans une enveloppe, le billet d'avion.

Quand ma femme arrive, je l'avoue, je suis tout excité et j'attends sa réaction ; elle s'assoit à table.

— C'est quoi, me dit-elle ?
— Eh bien, ouvre, tu verras bien !

On peut facilement imaginer le dialogue qui suit…

— Mais tu as réservé un vol pour le Vietnam!! Mon patron ne me laissera jamais partir pour quatre semaines… Et le 10 septembre, c'est dans à peine plus d'un mois ! Où je vais aller ? Comment vais-je faire ? Je parle juste un peu l'anglais, je ne connais pas les gens, le pays… mon Dieu, mais comment je vais faire ?
— Ne t'inquiète pas, lui dis-je, je vais m'occuper de tout, je sais bien que cela ne va pas être facile pour toi ; mais c'est notre dernière chance, tu es très volontaire, pugnace, courageuse, je sais que tu iras jusqu'au bout. Et puis, il faut essayer. Et pour ton patron, eh bien, il comprendra que ce n'est pas du tourisme que tu vas faire….
— Je ne crois pas qu'il va accepter que je parte plusieurs jours.
— Écoute, chérie, demain tu lui demandes un entretien et tu lui expliques la situation ; honnêtement, je pense qu'il est à l'écoute de ses employés et il me paraît très humain et proche de son personnel. Moi, de mon côté, j'ai déjà bien avancé, demain je réserve une chambre pour toi dans une pension, un hôtel que j'ai trouvé sur un guide, Le directeur parle français, il s'appelle Xavier ; j'ai discuté avec lui : il a déjà reçu des adoptants. Il s'occupera bien de toi, il t'assistera dans certaines démarches et si besoin il te

conduira aux orphelinats. J'ai trouvé aussi une interprète, c'est une jeune étudiante, elle se prénomme Nhu, elle t'accompagnera dans tous tes déplacements, elle te recevra à l'aéroport avec Xavier.

Quelle nuit ! Nous l'avons passée à ne penser qu'à ce voyage, pour être sûr de ne rien oublier, pour tout organiser, pour ne rien laisser au hasard. Moi, je m'occupe de toute la logistique, de tout ce dont elle aura besoin, de répondre depuis chez nous aux imprévus. Il faut bien que je reste en France pour faire d'ici les démarches administratives dont elle peut avoir besoin. Bien sûr, j'aurais préféré partir avec elle, bien sûr, je me suis senti mal de ne pas pouvoir être à ses côtés. Mais je l'accompagnerai de loin, je serai son ombre ; et avec les nouveaux moyens techniques dont nous disposons aujourd'hui pour communiquer, ce sera plus simple de garder un lien régulier.

Donc le lendemain je me mets au travail. J'y consacre tout mon temps, j'y mets toute mon énergie pour avancer vite, très vite. J'envoie de nouveaux documents à traduire ainsi que son passeport pour faire faire le visa à l'ambassade du Vietnam à Paris. À sa demande, je prépare un « cahier de liaison », je rassemble à partir des guides le maximum d'informations importantes pour son séjour : la carte du pays, les adresses d'orphelinats, la copie de l'agrément, les mails reçus ; et encore les photos de nos animaux, quelques blagues, des numéros de téléphone : ceux du consulat, de l'ambassade de France, d'un deuxième hôtel et aussi d'un autre interprète, en cas de problème. Ce cahier, je le lui donnerai le jour de son départ car j'ai glissé à l'intérieur plusieurs surprises qu'elle pourra découvrir pendant le trajet.

Elle en parle à son employeur : il lui accorde un congé exceptionnel, même s'il exprime un doute pour l'adoption ; mais l'essentiel c'est que le congé soit accepté.

Enfin ! Notre histoire commence à prendre forme et nous y croyons comme une partie de nos amis. D'autres doutent, et même certains membres de la famille. Certains rient aussi de nous, on nous prend pour des rigolos : « vraiment, y en a qui…! ». Nous avons définitivement mis un terme à ces relations-là.

Une dizaine de jours avant le départ, mon beau-père propose de réunir la famille en soirée, et il suggère discrètement de faire une enveloppe pour sa fille dont il est si fier aujourd'hui car elle a le courage de partir si loin et d'affronter l'inconnu. Je suis en train de préparer le repas, du saumon mariné à mon souvenir. Mon beau-père vient vers moi et me dit :

— J'ai proposé à ceux qui le désirent de mettre quelque chose dans une enveloppe au cas où ma fille serait dans le besoin.
— C'est vraiment gentil, lui dis-je, il est vrai que nous devrons faire face à de grosses dépenses et aux imprévus.
— Oui, reprend-il, je suis heureux de pouvoir participer. Vous savez, c'est important pour moi aussi, vous comptez beaucoup pour nous

Le repas se termine : avant de partir, son père lui offre l'enveloppe, ses parents lui souhaitent du courage ; à nouveau ils la rassurent et nous assurent de leur soutien. Nous nous retrouvons tous les deux.

Les valises sont quasiment bouclées depuis quelques jours. Nous sommes fin prêts pour le lendemain. J'ai du mal à dormir : difficile de trouver le sommeil, je pense au voyage, à son séjour si loin sans ma présence. Ne pas être ensemble, je l'avoue : je suis mort d'inquiétude.

D'UN ORPHELINAT À L'AUTRE

Ça y est, le jour J. est arrivé !

Avant de quitter la maison pour l'aéroport de Bordeaux-Mérignac, nous refaisons le point pour être sûrs de n'avoir rien oublié. Je l'encourage à nouveau, nous nous redisons notre profond désir d'enfant. Tu vas y arriver, lui dis-je ! Je crois en toi, ton potentiel est énorme, tu as du caractère, tu es forte. À ton arrivée, commence par ouvrir un compte internet et une adresse mail pour que nous puissions communiquer, ainsi je t'appellerai régulièrement ; ne te fais pas de soucis, tout va bien se passer. Je tâche d'être calme, mais au fond de moi, c'est le stress et la peur, j'ai le ventre noué, l'inquiétude commence à m'envahir et pourtant je ne dois pas le lui faire voir, je me dois d'être fort. Je crois que personne ne peut imaginer ce que nous avons vécu, et en écrivant ces mots je ressens à nouveau les mêmes sensations angoissantes que celles de ce jour du départ.

A notre arrivée à l'aéroport, environ deux heures avant le départ pour enregistrer les bagages, nous allons prendre un café, histoire de profiter de ces derniers moments, pour nous détendre aussi. La voix de l'hôtesse annonce aux passagers de se rapprocher de la zone d'embarquement : voilà, nous y sommes, difficile de cacher nos larmes, et pareillement ceux qui nous accompagnent, bon sang, dur, dur. Je la regarde : elle s'éloigne dans le couloir, se retourne en faisant des signes de la main, un dernier geste et je ne la vois plus.

Je sors rapidement pour me rendre sur le parking, à un endroit où nous pouvons assez bien voir décoller les avions. Quelques minutes plus tard, j'entends les réacteurs monter en puissance, puis je vois l'avion prendre de l'altitude ; je lui fais des signes même si bien entendu elle ne peut les voir, enfin l'avion disparaît dans les nuages.

J'ai promis d'appeler Nhu et Xavier pour les prévenir que mon épouse est bien dans le vol AF 0164. Je dois faire attention au fuseau horaire : nous avons six heures de décalage et je ne veux pas les déranger la nuit ; en plus je veux être sûr de les avoir au téléphone. Comme à cette époque j'étais très disponible, je pouvais recevoir les appels téléphoniques et consulter les e-mails à n'importe quel moment de la journée ou de la nuit.

Dix-neuf heures plus tard, le lundi 11 septembre aux alentours de 15 heures, ma femme doit être accueillie à l'aéroport d'Hô Chi Minh par Nhu et Xavier. Je veux des nouvelles, je suis inquiet, mais ce n'est qu'après plusieurs tentatives qu'enfin elle décroche : ça y est, elle est bien arrivée, je soupire et je suis vraiment soulagé. Tout se passe comme prévu, l'accueil est superbe, me dit-elle, et ils sont d'une gentillesse exceptionnelle.

Mon épouse n'est pas habituée à me faire des compliments, mais là, sans hésitation, elle me déclare :

— Merci Jean louis, merci tu es génial ! Vraiment génial ! Le cahier de liaison que tu m'as donné, je l'ai lu et relu, tu as organisé entièrement mon séjour et tu n'as rien laissé au hasard ; quel temps ça a dû te prendre ! Merci aussi pour tes encouragements et pour les photos que tu as glissées à l'intérieur. Nhu et Xavier sont là à côté de moi, veux-tu leur parler ?

Je les remercie pour l'accueil et demande à Xavier de protéger mon épouse.

— Ne vous en faites pas, me dit-il, ne vous faites surtout pas de soucis, maintenant elle est sous ma responsabilité, je veille sur elle.

Ma femme me passe ensuite Nhu que je remercie infiniment pour sa présence à l'arrivée et lui réitère ma demande qu'elle soit à ses côtés pendant tout le séjour. Quel soulagement ! Je suis tellement content, tellement heureux d'apprendre que tout va bien.

Le lendemain, mon épouse me téléphone pour me raconter son arrivée à la pension-hôtel, me décrire le déroulement prévu de sa journée ; elle me parle de sa chambre, très confortable, spacieuse même. Et en plus, elle dispose d'une terrasse donnant sur une cour, où elle vient juste de prendre son petit déjeuner.

La première chose qu'elle doit faire, dès le matin, c'est se rendre au consulat de France à Hô Chi Minh Ville comme nous l'avions prévu avec Nhu. Elle doit se présenter, les informer des raisons de sa venue et discuter avec eux de son projet d'adoption.

Notre dossier traduit est arrivé fin août-début septembre au ministère local de la Justice et il doit être envoyé en suivant aux orphelinats d'Hô Chi Minh, mais nous ne savons pas lesquels, aucune information ne nous a été donnée à ce sujet.

Mon épouse commence par l'orphelinat de Gop Vap, situé tout près de son hôtel. La chaleur, la pluie – il faut dire qu'elle arrive en période de mousson –, le décalage horaire, la fatigue, tout cela est étouffant ; ajoutons le taux constant d'humidité, la densité de la population qui circule toute la journée à moto, une pollution intense, elle a du mal à respirer. Elle me dit que beaucoup ont un masque pour se protéger de la pollution (certaines aussi pour se protéger la peau du soleil).

Les rues sont inondées après chaque violent orage. On dirait que les gens fuient à grands pas de course. Ils rentrent tous se mettre à l'abri, j'ai fait pareil me dit-elle. Ce sont des seaux d'eau entiers qui nous tombent sur la tête : comme beaucoup, je me suis réfugiée dans un magasin, certains se réfugient où ils peuvent pour ne pas être trempés jusqu'aux os, d'autres sortent de grands sacs plastiques troués aux extrémités pour y passer bras et tête.

— Oh, tu sais, il m'est arrivé d'avoir de l'eau jusqu'aux genoux. J'ai même perdu une chaussure de ville, dans une rue submergée ; une fois l'orage calmé et les rues à nouveau praticables, nous sommes allés sur le marché couvert acheter une nouvelle paire. Il faut voir ça, c'est vraiment incroyable, une fois que la pluie a cessé, ils réinstallent tout sur les trottoirs et les gens sortent de partout.

Elle me raconte aussi qu'elle a du mal à circuler, même à pied, tellement la population est dense et tant les commerces débordent sur les trottoirs ; ils sont très nombreux à se déplacer à moto, il y en a partout, une véritable fourmilière.

Enfin mon épouse obtient son premier rendez-vous. Difficile de dialoguer avec la directrice, l'interprète fait ce qu'elle peut, mais la réponse est ferme : l'orphelinat ne dispose pas de dossier nous concernant.

Elle ne comprend pas, et moi non plus.

— Écoute, lui dis-je, attend au moins un ou deux jours pour refaire un déplacement, le temps de récupérer du voyage pour faire face au climat et à la foule. Demain je téléphonerai au consulat et à l'ambassade de France à Hanoï pour voir ce qui se passe au sujet du dossier.

Comme prévu, dès cinq heures du matin, je téléphone au consulat d'Hô Chi Minh, j'explique à mon interlocutrice que mon épouse est actuellement dans la ville. J'ai au bout du fil une dame très sympathique, qui me dit de ne pas nous inquiéter ; elle me confirme que mon épouse s'est présentée au consulat pour les raisons que nous venons d'évoquer, qu'elle est donc informée de sa présence et de notre démarche d'adoption. Si elle a besoin de quoi que ce soit, qu'elle prenne contact avec elle au consulat. Concernant le dossier, il faudrait appeler le ministère de la Justice qui se trouve à Hanoï, voire l'ambassade de France : sans doute pourront-ils nous renseigner.

Je ne parle pas le vietnamien et pas plus l'anglais : difficile alors de discuter avec un responsable du ministère vietnamien de la Justice ; j'opte logiquement pour l'ambassade de France. On me met en relation avec Monsieur G. Je lui explique rapidement la situation. Je contacte le ministère de la Justice, me dit-il, pour avoir des informations sur votre dossier et je vous tiens au courant.

Presque une semaine s'est écoulée, les deux autres orphelinats de Hô Chi Minh n'ont pas d'enfants à proposer à mon épouse, et ils ne disposent pas, eux non plus, de ce dossier concernant sa venue. Quant à elle, le seul dossier qu'elle possède, c'est celui que j'avais glissé dans son cahier de liaison, et il n'est pas traduit. Celui que nous avons envoyé au ministère de la Justice ? On ne sait pas où il est, ni même s'il a abouti quelque part.

Elle me raconte les visites infructueuses et commence à être très inquiète sur le bon déroulement de ses recherches. Dur, très dur. Elle demande à Nhu de faire une lettre écrite en Vietnamien qu'elle pourra remettre aux responsables des prochains orphelinats, lettre qui précisera la raison de sa venue.

Pour occuper les journées, Nhu lui propose de visiter le quartier des routards. Beaucoup d'étrangers d'Europe et d'ailleurs s'y sont installés et certains y ont créé des commerces, surtout des restaurants, des pubs, des pizzerias ; c'est un quartier très actif : beaucoup de touristes en effet, ainsi que nombre d'expatriés, y viennent pour retrouver l'ambiance et les spécialités de leurs régions.

De mon côté, j'envoie un message à l'attention de Monsieur G., de l'ambassade de France, pour lui rappeler que je suis toujours dans l'attente d'une réponse. Il me répond qu'il est très occupé mais il me confirme qu'il a fait le nécessaire et que lui aussi attend une réponse sous peu de la part du ministère de la Justice.

Le lendemain, Monsieur G. me rappelle pour me dire qu'il manque un document concernant l'acceptation de notre demande d'adoption, celui qui nous a été remis par le conseil départemental de la Gironde. D'après eux, il ne figure pas dans le dossier que nous leur avions envoyé l'année précédente. Il nous faut le faire traduire rapidement en Vietnamien et pour aller vite, nous pouvons le scanner et l'envoyer en pièce jointe à l'adresse mail qu'il me donne.

Bien entendu je vais le faire le plus rapidement possible, dès le jour même, mais je ne sais pas combien de temps cela peut prendre. Il m'enjoint encore une fois d'aller très vite et nous souhaite beaucoup de courage dans nos démarches.

Le temps de mettre la main sur le document, j'appelle l'ambassade du Vietnam à Paris et explique qu'il me faut une traduction rapide, que je dois la retourner dans les meilleurs délais à l'ambassade de France à Hanoï. Mon interlocutrice me répond que c'est possible, qu'ils feront le nécessaire mais qu'il faut régler les frais avant. Il me faut donc leur envoyer d'abord le chèque, et ce n'est qu'à sa réception qu'ils traduiront le document et me l'enverront. Je ne peux me résoudre à cette perte de temps !

— Madame, lui dis-je, mon épouse est depuis une semaine à Hô Chi Minh Ville, il lui manque juste ce précieux document pour qu'elle puisse avancer dans sa recherche, notre dossier d'adoption restera bloqué au ministère de la Justice à Hanoï tant qu'ils n'auront pas cette traduction. Elle vit très mal cette situation, son inquiétude ne cesse de grandir. Vous ne le savez sans doute pas, mais elle a dû partir seule, elle ne connaît personne là-bas sur qui compter sinon son interprète et le propriétaire de l'hôtel. Et puis ce n'est pas le premier document que je vous fais traduire, nous avons toujours réglé les frais de traduction en temps et en heure, vous devez forcément m'avoir en référence, ça concerne bien une adoption.

Un long silence suit, je ne l'entends plus. J'enchaîne en demandant, si je peux régler par carte bancaire. Elle me répond enfin que non, ils ne prennent pas de paiement par carte, mais me demande de patienter. Un silence encore plus long… je crois même qu'il n'y a plus personne au bout du fil.

Je tente des « allô, allô », mais aucune réponse, sinon le disque me demandant de rester en ligne. Soudain, enfin :

— Vous êtes là ? Bien sûr que je suis là !
— Monsieur, Vous avez en effet travaillé à plusieurs reprises avec nous. Scannez le document et envoyez-le nous par mail tout de suite, à l'adresse que je vous donne, et nous vous le retournerons traduit dans la journée. Ne vous en faites pas pour le règlement, vous avez le temps de le faire, pensez plutôt à me faire parvenir le texte à traduire. Nous vous faisons confiance, et bon courage pour votre adoption, vous faites une très belle action et nous vous en félicitons. Bonne chance, nous sommes avec vous.

Oh, quel soulagement ! Je la remercie vivement et lui assure que je poste le chèque de suite. Je scanne la feuille que j'envoie dans la foulée. Mon attente n'a pas été longue, ils ont tenu leur promesse et je reçois ce précieux document traduit comme prévu en milieu de journée. Sans attendre, je scanne la traduction et l'envoie en pièce jointe à l'adresse de Monsieur G.

Pendant ce temps, et malgré l'absence de dossier, mon épouse continue ses recherches avec les moyens dont elle dispose. Elle demande à Xavier de l'amener à Vung Tau, une ville au sud d'Hô Chi Minh sur le littoral de la mer de Chine, pour se rendre à un orphelinat. Ils partent pour la journée, il va l'aider dans sa démarche et lui servir d'interprète. Nhu est restée en ville pour se reposer.

La rencontre n'a rien donné, encore un refus, une nouvelle déception. Voyant sa tristesse, Xavier lui fait découvrir la région pour lui changer les idées : l'endroit est superbe, ils font beaucoup de photos, mon épouse l'invite à déjeuner, elle lui parle des prochaines étapes qu'elle a à faire, du dossier qui lui manque. Elle me fait parvenir par mail les photos de cette superbe région et celle de Xavier : enfin, je découvre le vrai visage de cet homme, un homme d'affaires qui gère plusieurs sociétés à Hô Chi Minh, dont l'une dans l'import-export.

Le vendredi, je téléphone à Monsieur G. Il me confirme qu'il a bien reçu la traduction. Il m'indique que dès le lundi matin, il remettra le document en main propre au ministère de la Justice et qu'il me tiendra au courant dès que ce sera fait. Je le remercie beaucoup pour sa précieuse participation et son aide qui nous sont indispensable.

Revenue à l'hôtel, mon épouse organise avec Nhu un déplacement d'une semaine plus au sud. Le trajet, elles le feront en partie en bateau sur coussin d'air, ce qui est très rapide, car les orphelinats sont très éloignés les uns des autres ; en taxi ou autobus, cela prendrait trop de temps.

Elles descendent le fleuve du Mékong, le bateau emprunte la mer de Chine pour se diriger vers Can Tho : la ville se situe à environ 180 kms de son hôtel, entre le Cambodge et la mer.

Le lundi, il lui reste deux orphelinats à voir : elle prend un peu de temps, visite le sud, les marchés flottants ; mais son cœur n'y est pas, les portes des orphelinats se referment les unes après les autres sans qu'elle ait la possibilité au moins d'entamer une discussion. Nhu est déçue elle aussi d'avoir été repoussée sans avoir pu dire quoi que ce soit, de n'avoir pas eu le temps de s'exprimer, ni même de donner la raison pour laquelle elles sont là, de se sentir inutile. Mon épouse ne baisse pas les bras pour autant, et malgré toutes les difficultés, elle continue et se dit qu'elle continuera jusqu'au bout. Elles passent la nuit dans de petits hôtels « pensions de familles » sympathiques, elles y sont très bien accueillies, un peu comme chez l'habitant. Elles vont ensuite remonter sur Hô Chi Minh.

Au téléphone, je ressens bien la douleur de mon épouse, sa fatigue, sa révolte devant ces échecs consécutifs ; je voudrais la réconforter, mais c'est difficile. Elle ne me donne que peu d'informations sur son séjour dans le sud, à part le marché flottant et je comprends sa retenue. De mon côté, je n'ai pas grand-chose non plus à lui donner comme nouvelles qui pourraient lui redonner le moral ; je dois me contenter de simples paroles, de l'encourager à ne pas baisser les bras, à aller jusqu'au bout, l'assurer qu'elle va y arriver. Mais que je me sens impuissant ! À plusieurs reprises, j'aurais voulu prendre un billet d'avion et la retrouver là-bas et être à ses côtés. Heureusement que j'ai eu la force de ne pas céder à cette envie mais ça a été difficile, oui très difficile.

Comme il me l’avait promis, Monsieur G. me rappelle le lundi et me confirme qu'il a bien remis le document en main propre au ministère de la Justice, que ce document sera aussitôt transmis dans la province du sud. Les premiers orphelinats à le recevoir seront ceux d'Hô Chi Minh Ville, sans qu’il puisse me dire lesquels en priorité. Il ajoute qu’il faut compter au moins deux jours mais que maintenant nous pouvons être sûrs que notre demande sera bien prise en compte.

Je saute de joie ! Je le remercie vivement, et plus encore, je lui dis tout le respect que je lui dois !

— Mais je n'ai fait que mon devoir, me rétorque-t-il, je suis bien sûr très satisfait d'avoir pu vous aider, mais ça fait partie de mon travail. Vous savez, continue-t-il, peut-être que, grâce à vous deux, un enfant sans famille pourra grandir dans un foyer avec tout l'amour dont il a besoin ; il faudrait beaucoup de gens comme vous pour offrir une vie normale à tous les enfants qui vivent cette situation, ici comme ailleurs.

J'appelle aussitôt mon épouse, qui est alors avec Nhu sur le chemin du retour, ce qu’elles font en autobus, car, ne sachant plus trop que faire, le temps ne presse plus vraiment. Je lui annonce cette bonne nouvelle : je la sens soulagée mais un peu incrédule encore. Je peux comprendre qu’après toutes les déconvenues qu’elle a subies, elle ait quelques passages à vide … mais c’est une battante, et je sais qu’elle va reprendre le dessus.

Je lui indique l’adresse d'un restaurant que j'ai vu sur internet en photo en survolant la ville : il se trouve sur un bateau en bordure du Mékong.

— Tu sais, lui dis-je, tu devrais aller y manger, ils font de la cuisine française et il est très bien noté.

Elle n'a pas l'air motivée ; malgré ce que je viens de lui annoncer de positif, elle doit continuer de souffrir en elle-même, cela doit être horrible. Je lui donne des nouvelles de chez nous, de nos animaux, de ce que j'ai pu faire de mes journées, je lui dis qu'elle me manque ; je vois bien que je suis maladroit et que cela ne la réconforte pas. Je change alors de posture, et je lui interdis de revenir à la maison sans enfant ! Elle se met à rire et m'assure que non, pas question non plus pour elle de revenir sans enfant. Elle restera au Viet Nam autant qu'il le faudra ! Voilà qui ne fait plus mon affaire… Et moi alors ? On éclate de rire l'un et l'autre, enfin. Ça fait du bien !

Nous sommes aux alentours du 21 septembre ; rentrée du Sud, elle va pouvoir se reposer et récupérer de son voyage, digérer aussi les échecs. Nhu quant à elle retrouve sa chambre qu'elle partage avec ses amies étudiantes : elle invite mon épouse pour la leur présenter, pour lui montrer aussi où elle vit. Ce n'est pas loin du « quartier des routards », et elles logent à plusieurs pour diminuer les frais de location, les salaires n'étant pas très élevés.

Sa maman vient d'arriver du Cambodge avec sa grand-mère pour voir leur fille et petite-fille qu'elles n'ont pas vue depuis longtemps ; sans doute aussi pour satisfaire sa curiosité et voir la femme venue de France pour adopter. Nhu avait tenu en effet sa mère au courant du travail qu'elle avait trouvé : être accompagnatrice et interprète pour une adoption. À son arrivée, sa mère lui avait appris que sa grand-mère était malade ; Nhu en est toute triste, évidemment, mais cela ne l'empêche pas de faire les présentations et de les inviter à déjeuner dans un restaurant irlandais de ce même quartier. Nhu traduit ce que sa maman lui dit, les difficultés qu'elle rencontre pour se procurer les médicaments dont a besoin la grand-mère. Mon épouse leur fait une avance pour faciliter leur situation. Elle pense qu'elles sont venues pour voir Nhu, bien sûr, mais aussi pour cette raison financière, ce qui ne la dérange pas car elle est heureuse de pouvoir leur venir en aide. Elle m'envoie une première photo de Nhu en compagnie de sa maman et de la grand-mère qui a l'air malgré tout d'être en forme, elles ont toutes les trois le sourire aux lèvres.

Le lendemain, pour laisser Nhu passer la journée avec sa famille, elle demande à Xavier de l'accompagner à moto jusqu'à l'orphelinat de Gop Vap. Il ne peut pas rester car il a un rendez-vous important, mais s'il y avait urgence, il faudrait l'appeler et il trouverait alors un moyen de se rendre disponible.

Ce matin-là va bouleverser le cours de la vie de mon épouse, de notre vie.

UNE LUMIÈRE D'ESPOIR

Dans le hall de l'entrée qui donne sur une petite cour, elle demande à l'accueil si quelqu'un parle français. Une fois de plus, elle allait être repoussée vers l'extérieur. Mais elle insiste, affirmant qu'il devait bien y avoir là une personne parlant français, montrant ainsi sa détermination. C'est alors qu'une femme, qui assistait à la scène, retient mon épouse en lui faisant comprendre d'attendre devant l'entrée.

L'attente n'est pas très longue : une petite dame d'un certain âge s'approche d'elle et lui dit d'une voix douce et en français, bien qu'avec un accent assez prononcé :

— Bonjour Madame, je suis sœur Lucienne. Que voulez-vous ? Que cherchez-vous ?

Quelle chance ! Quelqu'un qui parle français et accepte de parler…

— Eh bien ma sœur, lui dit mon épouse, je suis déjà venue ici il y a environ deux semaines, je n'ai pu rencontrer personne qui parle français et mon interprète présente avec moi n'a même pas pu parler ; nous avons dû repartir sans pouvoir dire quoi que ce soit.

— Alors Madame je ne devais pas être là, je devais être dans un autre orphelinat.
— Vous savez, ma sœur, je suis heureuse de pouvoir discuter avec vous, de pouvoir faire comprendre la raison de ma venue au Vietnam.
— Bien alors, dites-moi, que puis-je pour vous ?
— Je suis là pour adopter un enfant, si possible un bébé : le ministère vient d'envoyer mon dossier et je ne sais pas si c'est vous qui l'avez, enfin je veux dire cet orphelinat.
— Je vois bien que vous êtes Française, et de quel endroit de France ?
— Je viens de la région de Bordeaux.
— Je connais un peu Bordeaux, j'y ai séjourné, et à Lourdes aussi.
— Nous habitons dans le Médoc.
— Ah oui ! la région du vin et des châteaux. Et vous êtes venue seule ?
— Oui, mon mari est resté pour organiser mes déplacements ; et heureusement, car il manquait un document à traduire pour compléter notre dossier d'adoption et normalement il a été envoyé ici à Hô Chi Minh il y a un ou deux jours.
— Vous avez beaucoup de courage, vous venez de si loin ! Écoutez, madame, je vais faire quelque chose pour vous, je suis là pour ça. Donnez-moi votre numéro de téléphone, je vous appellerai.

Quelques larmes d'émotion s'échappent des yeux de mon épouse et glissent le long de ses paupières.

— À bientôt, Madame, et ne pleurez pas, ça va aller.

Elle me téléphone toute excitée pour me raconter sa journée et surtout sa rencontre avec sœur Lucienne ; l'horizon, bien bouché jusqu'ici, semble enfin s'ouvrir.

De retour à l'hôtel, Xavier propose d'aller déjeuner sur l'île de Phù Quõc avec sa femme et ses enfants : il voit bien que mon épouse a besoin de détente, de se reposer l’esprit après ces émotions. Je reçois d’elle une photo, la montrant à table avec eux et ils dégustent des crevettes grillées. Enfin je peux voir son visage éclairé d’un sourire.

Le samedi matin alors qu'elle venait de terminer son déjeuner, mon épouse reçoit l’appel d'une femme parlant assez bien le français.

— Madame, lui dit-elle, je sais que vous êtes à la recherche d'un enfant, que vous venez de Bordeaux et que vous êtes venue seule. Quel courage vous avez !

Mon épouse est très surprise car elle ne reconnaît pas la voix de sœur Lucienne, mais elle n'a même pas le temps de lui dire quoi que ce soit, tellement cette femme parle vite. C’est probablement l’orphelinat qui nous l’a adressée. Elle ne veut pas que son nom apparaisse, mais elle nous a par la suite tellement accompagnés, aidés, conduits, nous lui devons tant que rapidement nous l’avons appelée entre nous « l’Ange », et je l’appellerai ainsi tout le reste de ce récit.

— Je me présente : je vis en Caroline du Sud, je suis avocate ; je prends l'avion pour me rendre au Vietnam et je serai là rapidement pour vous aider. Votre dossier est très ancien et vous êtes certainement la dernière personne qui puisse adopter en individuel : nous n'avons pas de temps à perdre. En attendant, je vous envoie mon homme de confiance ce samedi, il viendra vous chercher avec sa moto et vous accompagnera à l'orphelinat de Gop Vap. Préparez une enveloppe que vous donnerez à l'orphelinat, apportez du chocolat pour la directrice et les nourrices : elles l'adorent.

Mon épouse me demande immédiatement par SMS de l'appeler sur son portable et elle me raconte en détail cette conversation avec « l'Ange ».

— Tu sais, me dit-elle, elle me demande de donner une enveloppe, que ça servira à acheter du lait et des médicaments, je fais quoi ?

C'est comme une surprise qui tombe du ciel ! Je lui dis de ne pas s'affoler, de rester calme et de réfléchir, mais moi-même j'ai de la peine à raisonner calmement ! Car il ne faut pas tomber dans un piège : tellement d'adoptants se sont fait avoir, et on ne voudrait pas bien sûr que cela nous arrive.

— Écoute, pour un don, je suis tout à fait d'accord et c'est pour une bonne cause ; de toute manière nous n'avons pas le choix, c'est aussi notre dernière chance pour avoir un enfant.

Mais ce samedi-là, aucun homme de confiance ne se présente de toute la journée pour accompagner mon épouse à Go Vap, comme prévu ! Et voilà que d'un coup, tout s'écroule à nouveau ; ça fait mal, très mal. Xavier et son épouse restent impuissants devant la déception de mon épouse même s'ils tentent tout pour la rassurer et lui redonner le moral.

Alors qu'elle avait passé la journée entière enfermée dans sa chambre d'hôtel, elle reçoit le soir même un appel de « l'Ange » :

— Je suis désolée pour aujourd'hui, nous n'avons pas pu venir vous chercher. Mais demain mon homme de confiance passera vous prendre à 9 heures : tenez-vous prête et surtout n'oubliez pas de préparer l'enveloppe.

— Oui Madame, mais vous savez, j'ai attendu toute la journée, et les questions n'arrêtaient pas de tourner dans ma tête : ma journée a été très longue !

— Ce n'est pas facile pour moi non plus : je suis aux États-Unis et je viens spécialement pour vous ; comme je vous l'ai dit, je serai là pour vous aider.

Mon épouse ne s'affole plus, elle me tient juste au courant de ce nouvel appel ; je ne m'affole pas non plus : peut-être parce que tout cela va trop vite ?

Le matin, comme prévu cette fois, un homme l'attend devant l'hôtel : c'est le chauffeur à moto qui va l'accompagner à l'orphelinat. Elle n'a pas le temps de me téléphoner pour me prévenir ; elle s'arrête à un distributeur de billets pour effectuer un retrait mais voilà que sa carte ne fonctionne pas ! Malgré plusieurs tentatives sur d'autres appareils, elle n'y arrive toujours pas… Vite, elle m'envoie un SMS pour m'expliquer le problème et, sitôt le message reçu, je lui téléphone. Pour éviter de lui faire perdre trop de temps, je ne lui pose pas trop de questions.

— Mais je ne comprends pas, j'ai alimenté ton compte dernièrement ; bon, écoute, je file de suite à la banque, heureusement qu'ici en France on est samedi, j'y vais

dès qu'elle ouvre. Je te rappelle dès que j'ai des nouvelles, surtout ne t'inquiète pas et garde bien ton téléphone près de toi.
— Oui, essaie de voir le problème et rappelle-moi car je lui ai promis de faire un don.

J'arrive au guichet de la banque et je demande à avoir immédiatement un entretien avec la conseillère qui gère le compte de mon épouse ou bien avec un responsable. Une femme s'approche et me dit :

— Bonjour monsieur, que vous arrive-t-il ?
— Bonjour madame, ça concerne le compte de mon épouse : pouvez-vous me dire ce qu'elle a dessus, s'il manque de l'argent je vais en mettre.
— Avez-vous une pièce d'identité, s'il vous plaît ?
— Oui, bien sûr
— Écoutez, non, me dit-elle, il y a une somme suffisante, pourquoi ?
— Eh bien ce matin mon épouse a voulu faire un retrait et cela lui a été refusé.
— Attendez, je regarde à nouveau. Ah oui, c'est normal, elle a dépassé son plafond de retrait. Elle a une autorisation limitée à six cents euros.
— Mince ! Et vous ne pouvez pas faire quelque chose très rapidement ? Mon épouse est au Vietnam, elle n'y est pas en vacances, mais pour notre projet d'adoption.
— Oui je comprends : je suis au courant de votre projet, votre épouse m'en a parlé. Attendez, je reviens.

Passe un bref instant :

— Bon me revoilà ! Vous pouvez lui dire qu'elle peut dès maintenant retirer à nouveau de l'argent : nous avons relevé confortablement son autorisation de retrait.
— Je vous remercie beaucoup, madame, vous nous sortez une belle épine du pied.

Ouf ! En cinq minutes, le problème a été réglé. Je sors de la banque et, sans attendre, je lui téléphone pour lui annoncer la bonne nouvelle :

— Normalement chérie c'est bon, tu peux retirer de l'argent sans problème.

Vingt minutes après, elle me confirme par SMS qu'elle a pu retirer la somme souhaitée.

La suite, je l'apprends dans la nuit. En ouvrant ma boîte de réception, je découvre un message de mon épouse : une photo apparaît, celle d'un bébé et juste trois mots :

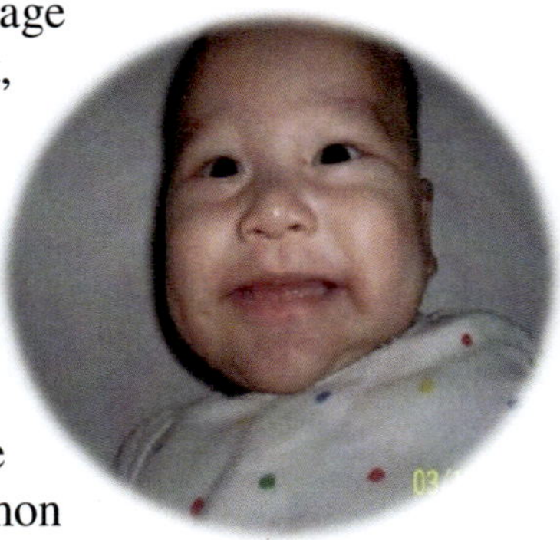

« **Papa, ton fils !** »

Je reste planté là quelques instants sur ma chaise devant l'écran de mon ordinateur. D'un coup les larmes coulent à flots, je ne pleure pas : j'exprime ma joie, mon émotion est trop forte et je ne peux pas me retenir ! Je m'éjecte de la chaise, je saute en l'air, je fais je ne sais plus combien de fois le tour de la maison… je suis seul en pleine nuit et heureusement, car quiconque m'aurait vu m'aurait pris pour un fou !

Je ne dors pas, j'ai trop hâte de lui téléphoner pour savoir comment ça s'est passé, j'ai envie de tout savoir.

Vers cinq heures du matin, onze heures là-bas, je lui téléphone.

— Alors, me dit-elle, tu as vu la photo ?
— Oh que oui ! Mon Dieu qu'il est beau !
— Ah oui, il est beau, il a à peine deux mois et demi, il est né le 30 juillet 2007. Tu sais quoi ? Elle m'a fait voir

beaucoup de bébés et elle m'a demandé de choisir entre deux en attente d'adoption ; un troisième me faisait plein de sourires, plus il me regardait, plus il souriait jusqu'à éclater de rire.

— Madame c'est lui, si c'est possible bien sûr.

— Bien, bien… vous savez … il est promis à un couple d'Américains, mais je n'ai pas aimé leur façon de faire : même si des couples viennent pour repérer, pour choisir un enfant, nous ne sommes pas dans un super marché ; ce sont des enfants que nous proposons et nous demandons un peu de retenue et un minimum de respect. Leur comportement fait que nous n'allons pas leur donner d'enfant. Je vois que déjà, tous les deux, vous avez une superbe complicité, car c'est bien la première fois que je vois un bébé rire aux éclats en voyant une inconnue, vous lui faites beaucoup d'effet, je crois bien que vous êtes faits l'un pour l'autre : aujourd'hui dans cet orphelinat et sous réserve de l'accord de la Directrice, il sera votre enfant.

Elle a du mal à me parler, sa voie sanglote de bonheur, elle arrive juste à ajouter qu'elle se trouve actuellement dans l'orphelinat et qu'elle a l'autorisation de lui donner le biberon tous les jours jusqu'à son prochain départ.

Je suis tellement heureux ! Je la félicite, je l'embrasse et je lui demande d'embrasser mon fils, notre fils, le beau poupon que je vois sur la photo et qui rit aux éclats. J'ajoute « merci Ghania, merci ! » C'est juste que le bonheur !

Après cette nuit agitée, il fait à peine jour, j'imprime la photo et je pars m'allonger sur le canapé, la photo à la main et les rêves plein la tête.

Enfin notre acharnement, notre bataille, notre combat commence à porter ses fruits, même si nous savons que ce n'est que le début et que beaucoup reste à faire.

La sœur Lucienne lui avait dit que le bébé avait été trouvé sur le trottoir le 11 août 2007, dans la rue tout près de l'orphelinat. Pas de nom, pas de message, rien, personne n'avait rien vu. Il était dans un sac de fortune mais bien enveloppé, bien protégé : il venait juste d'être déposé. Manifestement, tout avait été fait pour que le bébé ne souffre pas et soit vite trouvé et amené à l'orphelinat.

À QUAND NOTRE PROCHAIN VOYAGE ?

Depuis ce jour, mon épouse n'a plus revu sœur Lucienne, sans doute trop occupée avec tous ces enfants.

Cette religieuse, je ne l'ai jamais rencontrée, j'ai seulement pu la voir il y a quelque temps dans une émission télévisée : *les enfants du bout du monde* : enfin je découvrais la femme qui est à l'origine de notre bonheur. Quelques mots de sa part évoquent notre enfant : eh oui, nous, nous savons !

Chaque jour, ma femme m'envoie de nouvelles photos : le bébé dans ses bras, le biberon, le change ; regarde, regarde, c'est un garçon, notre garçon ! Elle me demande de contacter son employeur pour le prévenir qu'elle ne va pas rentrer de suite, qu'elle a besoin de quelques jours de plus.

Elle me raconte cette formidable journée avec « l'Ange» : à peine arrivée de Caroline du sud, elle n'était même pas fatiguée du voyage, elle ne ressentait pas le décalage horaire, mais voulait rapidement préparer les documents administratifs nécessaires à l'adoption.

— Tu sais chéri, me dit-elle, il faut faire très vite : notre dossier d'agrément sera caduc en octobre et nous n'avons pas de temps à perdre. Normalement, dans environ trois mois, nous pourrons revenir le chercher ; mais d'ici là la recherche d'un parent doit être faite et achevée.

« L'Ange » lui dit qu'elle repart dans deux jours et qu'elle va devoir revenir plusieurs fois au Vietnam car ils auront besoin d'elle pour notre dossier ; chaque fois qu'elle reviendra, elle nous enverra une photo du bébé et nous donnera des nouvelles. Cette femme est un personnage hors du commun, d'une vivacité incroyable.

— J'ai aussi apporté des vêtements, des jouets et des bonbons pour les enfants, du chocolat : « l'Ange» » aussi aime le chocolat… Les nourrices ont beaucoup de travail, il y a tellement de bébés qui attendent une famille !

Chaque jour, mon épouse se rend à l'orphelinat, elle passe la journée auprès de notre fils, le change, lui prépare le biberon, le fait rire, bref : une maman « normale », dont elle a d'ailleurs pris le rythme. Elle peut enfin connaître ce moment extraordinaire : s'occuper de son enfant. Elle aide les nourrices dans leur travail et ce n'est que du bonheur.

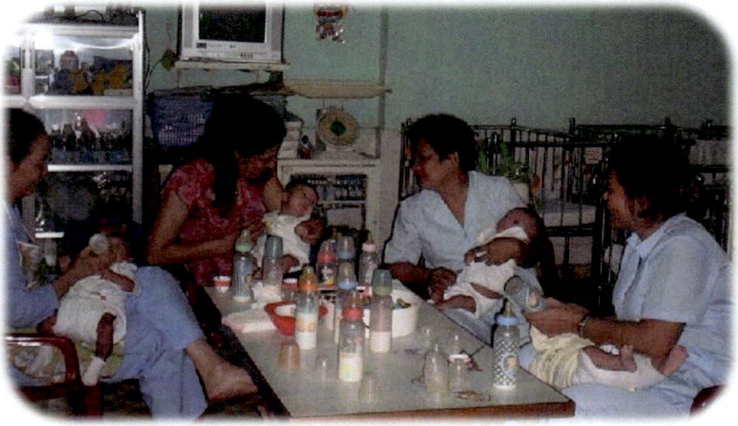

Avec la complicité de Nhu qui l'accompagne régulièrement, elles échangent quelques mots avec les nourrices : d'ailleurs, comme Nhu paraît très jeune, toutes pensent que la jeune fille est aussi notre enfant adoptif. J'avoue que moi aussi je lui donnerais 16 ans. Ce n'est pas un reproche mais je pense qu'avec son physique si jeune, elle n'était pas prise au sérieux et que cela a pesé dans les difficultés des rencontres avec les responsables des différents orphelinats.

Nous sommes maintenant aux alentours du 8 octobre, et après une petite dizaine de jours passés aux côtés du bébé, « L'Ange » vient la voir à l'orphelinat :

— Maintenant, vous devez rentrer en France : les premiers accords ont été faits, ne vous inquiétez plus pour votre agrément. Moi je continue les démarches administratives, je ferai tout le nécessaire pour que tout soit prêt pour la remise officielle de votre enfant dans les meilleurs délais, on doit pouvoir la programmer pour décembre. Surtout ne vous inquiétez pas, votre fils est entre de très bonnes mains ; comme je vous l'ai dit, je vous donnerai des nouvelles de lui et je vous tiendrai au courant de la date à laquelle vous pourrez venir le chercher. Maintenant vous devez préparer votre prochain voyage pour le Vietnam.
— Oui, lui répond mon épouse.
— Madame, je ne sais pas si cela peut vous rassurer, mais je tiens à vous dire que ce n'est pas le premier dossier que j'ai eu à gérer. Vous ne pouvez pas savoir combien de fois j'ai rendu service en donnant une famille à des dizaines d'enfants et en rendant heureux autant de parents. Vous êtes sans doute la dernière candidate à l'adoption que j'accompagne, alors je vous offre toute mon énergie pour que ce soit efficace et rapide. Comme vous devez le savoir, le pays n'acceptera plus de

démarches individuelles et les demandes d'adoption passeront toutes par des associations pour éviter toute fraude et trafic d'enfant. Vous êtes la dernière, et pour moi aussi la dernière, car désormais ils n'auront plus besoin de mes services.

Pas facile, non, pas facile du tout de laisser derrière soi ce sourire… et pourtant, elle doit rentrer en laissant sur place notre fils. Encore beaucoup d'émotion, de la tristesse, de la déchirure ; mais derrière ces sentiments douloureux, c'est aussi l'espoir, celui de revenir ici pour enfin repartir avec lui.

— Je dois te laisser maintenant, lui murmure-t-elle, je passerai te voir juste avant de prendre l'avion pour te faire de gros bisous, mon bébé, et puis je reviendrai bientôt avec ton papa pour te ramener chez nous.

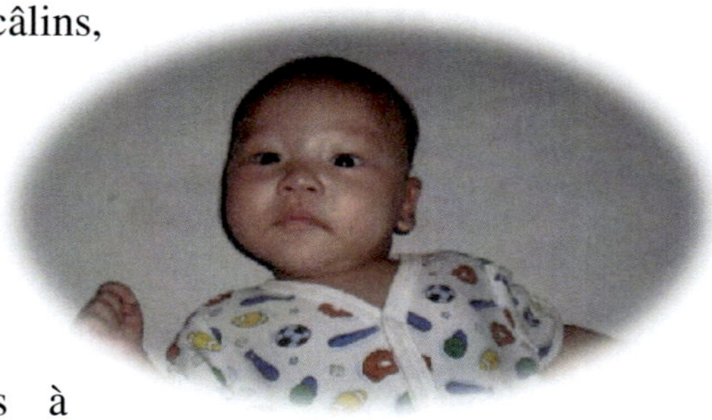

Après de gros câlins, quelques derniers échanges de sourires, elle s'échappe non sans se retourner jusqu'à ce que la porte soit franchie.

Nous sommes tous à l'aéroport dans le hall d'arrivée et le haut-parleur annonce l'atterrissage de l'avion en provenance de Paris. Nous la guettons devant les grandes baies vitrées et nous l'apercevons enfin qui attend ses bagages devant le tapis roulant. Nous nous faisons beaucoup de signes de la main, faute de mieux pour l'instant. Enfin, elle sort : nous nous jetons dans les bras l'un de l'autre, restant ainsi immobiles de longues minutes : le plaisir des retrouvailles, mais aussi trop d'émotion, trop d'attente : il faut bien évacuer tout cela.

— Enfin tu es de retour, quel voyage extraordinaire !
— Oui je suis heureuse, tellement heureuse de vous retrouver ; et tellement triste de l'avoir laissé !
— Oui, mais nous retournerons là-bas, nous irons le chercher pour le ramener chez nous.

Nous avons gardé l'espoir et l'avons nourri, nous nous sommes battus et elle a réussi ; ce que nous pensions impossible, nous l'avons fait. Quelle extraordinaire aventure nous avons commencée là ! Maintenant Ghania est là, en chair et en os, et c'en est fini des angoisses. Je savais qu'elle allait y arriver, tellement j'avais confiance en elle. Je ne pouvais que lui dire combien j'étais fier d'elle, mais elle ne pouvait pas savoir à quel point je l'étais !

Mes beaux-parents ne peuvent se contenir, les larmes glissent sur leur visage et maladroitement la main tremblante de mon beau-père cherche un mouchoir dans sa poche ; la future marraine de notre enfant, les amis qui sont là, eux non plus ne peuvent pas cacher leur émotion. Une personne nous manque, elle fait partie de notre famille de cœur : Joe ; malheureusement, elle n'a pas pu venir.

Nous allons prendre un café, nous discutons un peu, beaucoup, les questions défilent. Ce n'est pas trop le moment, mais, enfin, on a tellement envie de savoir… et tout de suite !

Nous arrivons chez nous, nous sommes devant le portail d'entrée : je regarde notre petite maison qui nous suffisait bien quand nous n'étions que deux. Mais tout se déroule dans ma tête et ça va très vite : je vais finir l'agrandissement que j'avais commencé : oui, bientôt nous serons trois ! Je vais préparer un espace de jeu, je vais enfin avoir une raison de faire une chambre d'enfant, celle dont nous avons toujours rêvé, et je le vois déjà plus grand jouer au ballon dans notre jardin.

La nuit de repos était bien méritée, et la veille, ce n'était pas le moment de lui poser tant de questions aussi bien sur la rencontre de notre fils que sur l'ensemble du séjour : elle était trop épuisée. Ce n'était pourtant pas l'envie qui m'en manquait… Mais le lendemain mes questions fusent et la journée y suffit à peine. Pour fêter cela nous allons déjeuner dans un très bon restaurant asiatique en banlieue bordelaise et j'en garde un superbe souvenir. La carte nous propose une *pho*, une soupe Vietnamienne :

— Prends, me dit-elle, tu verras : c'est excellent.

C'est que la voilà experte en cuisine vietnamienne maintenant ! Je confirme que je me suis régalé. L'ambiance, les odeurs, les épices et les parfums mélangés m'envahissent. Je la regarde, son visage est tourné vers un petit garçon asiatique ; je lui parle et elle ne m'entend pas ; elle a la tête au Vietnam et elle doit être en train de rêver. Je tourne mon regard vers le petit garçon qui me sourit. Elle émerge alors de sa rêverie :

— Il est beau, pas vrai ? me dit-elle
— Oui, il est très beau.

Inutile de se parler pour savoir ce qui se passe dans chacune de nos têtes.

Elle reprend son travail trois jours après et bien sûr elle raconte à tous son aventure : à son patron, à son directeur, à ses collègues. Tous sont étonnés et agréablement surpris, ils la félicitent. Par la même occasion, elle prévient son employeur de son futur départ en décembre pour aller chercher le bébé. Il est vraiment ému par cette histoire, émerveillé de sa volonté, et il lui promet qu'elle partira quand il le faudra, qu'il n'y aura pas de problème.

Même si les premiers accords avec la directrice ont été faits, nous sommes bien conscients que ce n'est pas fini, loin s'en faut, et qu'il va falloir que le bébé soit reconnu comme notre fils par les autorités vietnamiennes.

Je reçois début novembre un mail de « l'Ange » avec une photo du bébé. Elle nous demande de nous préparer pour un départ vers le 10 décembre et de prévoir une somme importante pour régler les différentes dépenses. Il nous faudra compter au moins trois semaines sur place pour finaliser l'adoption, pouvoir sortir du pays et revenir avec le bébé à la maison.

Je l'appelle le lendemain pour la remercier. « L'Ange » me demande de lui confirmer d'ici une semaine la date exacte de notre départ.

Nous savons maintenant que nous n'en avons plus pour longtemps à attendre mais nous ne sommes pas tout à fait prêts, enfin moi je ne suis pas prêt. Je dois faire établir mon passeport et j'ai peur de m'y prendre un peu tard, car il faut au moins un mois pour l'obtenir et après il faut faire établir le visa. Pour consolider notre budget, nous décidons de vendre notre véhicule : nous pensons que très certainement nous serons amenés à faire face à des imprévus et puis nous voulons être à l'aise financièrement.

Quelques jours plus tard, je reçois un nouveau mail de « l'Ange » : elle nous demande de partir le 16 décembre. Nous n'avons même plus le choix de la date ! Mais enfin, ça y est, nous y sommes presque.

Je suis inquiet : je n'ai toujours pas mon passeport. Je vais sans doute être contraint de rester là une deuxième fois, mais pourtant je me sens obligé d’être aux côtés de mon épouse : je ne peux pas envisager de la laisser à nouveau partir seule. Et puis, si cela doit être le cas, je dois prévoir des procurations et bien d'autres choses, ça ne va pas être simple. Je le ferai, bien entendu, et comme la dernière fois, derrière mon PC, mais ça ne m'enchante pas du tout, ça me désole tout simplement.

Nous réservons donc un seul billet d'avion pour le 16 décembre. Et voilà, je n’y suis pas ! Mais pourquoi ?

Pourquoi n'ai-je pas pensé plus tôt à faire établir mon passeport ? Il est vrai que tout ça va très vite, vraiment très vite, tous ces évènements se sont bousculés, mais au final je ne suis pas prêt !

Deux jours avant le départ prévu, «l’Ange» nous prévient par mail que ce n'est pas possible de partir le 16 et qu’il nous faut prévoir une nouvelle réservation après le 22 décembre, si possible entre les fêtes.

Nous sommes partiellement contrariés, déçus tant le départ était proche, mais pour ma part je me dis qu'avec un peu de chance je pourrais partir avec elle. J’annule donc la réservation. Surprise : les frais sont élevés, mais passons...

Sur ce, je reçois mon passeport : je refais tout de suite une demande de réservation entre les fêtes de fin d'année et demande de mettre une option cette fois pour deux personnes. L’hôtesse me propose deux places pour le 24 décembre 2007 ou pour le 1er janvier 2008 : nous choisissons et réservons le 24 décembre. J’en informe « l’Ange» qui me répond que c'est très bien, qu’elle nous attendra car elle prendra son avion pour le Vietnam le même jour. Nous passerons Noël ensemble et son mari sera également présent.

Sans attendre je contacte l'ambassade du Vietnam à Paris pour leur demander un visa en express. Pas de problème, me répond-on, il suffit que j'envoie mon passeport et ils me le retourneront aussitôt. Mais, ajoute la dame que j'ai au téléphone, avec les fêtes je risque ne l'avoir qu'au bout de dix jours. Là, ça ne va plus du tout... et je ne savais pas qu'à cette époque nous pouvions faire établir le visa à l'arrivée. Il faut donc faire très vite, gagner tout le temps possible : je décide de faire un aller-retour à Paris en TGV pour apporter mon passeport directement à l'ambassade. Je ne connais pas Paris, mais mon voisin Xavier m'avait préparé le détail des lignes et des stations de métro que je devais emprunter pour me rendre au plus près de la rue Boileau. J'arrive vers 9 heures à la gare Montparnasse : même pas besoin d'en sortir, la station de métro est juste en dessous, étonnant comme c'est bien organisé.

Je sors du métro à une centaine de mètres à peine de l'ambassade, et heureusement il n'y a pas beaucoup de monde dans la salle d'attente. À mon tour, je présente mes papiers et donne mon passeport, j'explique ma situation. On me répond qu'ils m'enverront le visa et feront le maximum pour qu'il soit prêt rapidement, mais ils ne me garantissent pas pour autant que je l'aurais à temps pour partir le 24 décembre. Décidément, je n'ai pas de chance !

Il ne me reste plus qu'à retourner à la gare Montparnasse, j'y déjeune dans une brasserie en attendant mon train de retour.

Arrivé chez moi, je découvre un mail de «l'Ange» : nous ne devons plus partir le 24 décembre car les dossiers ne sont pas prêts ! Avec la préparation des fêtes de fin d'année, l'administration est perturbée, et tourne au ralenti ; elle a elle-même reporté son vol pour le Vietnam au

3 janvier et elle nous demande de faire de même. Je rêve ou quoi ? Que se passe-t-il ?

À son retour du travail, j'annonce à mon épouse qu'il nous faut encore changer la date du départ. Nous recommençons à nous questionner, à nous demander ce qu'ils font, l'anxiété revient, même si d'un autre côté, cela me rassure pour le visa. Mais bon, il faut bien nous exécuter et nous allons annuler à nouveau nos billets… ça commence à faire cher les annulations !

Donc le lendemain, je file à l'aéroport pour annuler le vol déjà réservé et en réserver un autre, cette fois pour le 3 janvier 2008.

— C'est complet pour le 3, m'indique l'hôtesse
— Vous avez toujours les deux places pour le 1er ?
— Non, ça a été réservé depuis, désolée, il n'y a aucune place pour ce jour-là. En revanche, nous avons des disponibilités pour le 19 : je vous réserve 2 places ?
— C'est un peu loin, mais bon il y a deux places, allez-y, réservez-les s'il vous plaît.

Je rentre à la maison déboussolé, mon épouse l'est aussi, mais enfin nous avons un vol et c'est déjà bien. Le lendemain j'appelle «l'Ange» pour lui annoncer que nous n'avons pas pu obtenir de vol pour début janvier et que nous avons réservé le seul vol disponible du 19 janvier.

— Mais, monsieur, ce n'est pas possible pour le 19, me répond-elle, vous m'entendez : pas possible ! La remise officielle est prévue aux alentours du 10 janvier, nous avons déjà beaucoup de papiers à faire et nous ne pouvons pas reporter la remise officielle de votre enfant. Faites comme vous le pouvez, mais soyez là le 3 janvier.

Je ne sais plus comment faire, je ne sais plus, vraiment je ne sais plus. Passer par une autre compagnie ? Alors là nous pourrons dire adieu à nos billets. À croire que l'ange au-dessus de nos têtes s'est transformé en démon…

Je me rends encore une fois à l'aéroport de Bordeaux, c'est un jeudi matin, je m'en souviens comme si c'était hier. Une hôtesse me reçoit : je la connais, elle s'est déjà occupée de nos billets. Je lui explique la situation

— Je vous en supplie, Madame, il faut m'aider, il faut que nous soyons au Vietnam le 3 janvier : on nous y attend pour la remise officielle de notre enfant. Madame, s'il vous plaît, il faut à tout prix nous trouver une solution. Même s'il n'y a qu'une seule place pour début janvier, réservez-la.
— Monsieur, vraiment, je ne peux rien pour vous, nous n'avons plus de place jusqu'au 19.
— Mais normalement, janvier devrait être un mois calme ?
— Hélas non, beaucoup partent en janvier au Vietnam pour la Fête du *têt*, le nouvel an Chinois. Que dois-je faire ? Je vous conserve le vol du 19 ?
— Ben oui, puisqu'il n'y a pas le choix.

Je me résous donc à chercher auprès d'autres compagnies, en sachant bien que mes billets actuels seront perdus, tout simplement. Mais au moment même où je me remettais au clavier, incroyable, totalement incroyable ! Je reçois un coup de fil de l'aéroport :

— Bonjour Monsieur, je vous appelle pour votre prochain vol : nous avons deux annulations et je vous propose donc deux places sur le vol du 2 janvier.
— BLOQUEZ ! BLOQUEZ, BLOQUEZ, j'arrive !!
— C'est fait, monsieur, on vous attend.

À croire cette fois que l'ange métamorphosé en démon est redevenu ange ! Tout s'arrange, je n'en reviens pas, mais cette fois je rentre à la maison avec mes billets pour Tân Son Nhât, l'aéroport d'Hô Chi Minh Ville ! Que c'est bon !

J'annonce tout de suite à «l'Ange» que nous serons bien au Vietnam le 3 janvier.

— Alors, vous voyez bien, quand vous le voulez, tout est possible !

Je préfère ne rien dire… je la remercie, je lui dis que je l'adore et lui donne rendez-vous au 3 janvier !

Pour éviter tout risque, je téléphone aussitôt à l'ambassade prendre des nouvelles de mon visa : on me confirme qu'il sera bien prêt pour ce week-end et qu'ils me l'enverront sur le champ. Je préfère venir le récupérer moi-même : il suffirait qu'il y ait un problème de distribution postale, une grève, du retard ou je ne sais quoi, et la mauvaise série recommencerait. Je leur demande donc de le garder et que je passerai le prendre le jour de notre départ. Notre avion est en effet prévu à Roissy à 13 heures, je pense avoir assez de temps en prenant un train tôt le matin plutôt que l'avion. J'appelle donc l'aéroport.

— Je ne souhaite plus prendre l'avion de Bordeaux-Paris avec mon épouse, je préfère un train pour Roissy le plus tôt possible, car il faut que je sois ensuite à l'ambassade à 9 heures. J'explique bien entendu à l'hôtesse la raison de ce $n^{\text{ième}}$ changement.
— Ne quittez pas, Monsieur, je vais voir ce que je peux faire pour vous.
— Eh bien, reprit-elle quelques instants plus tard, vous avez un train Bordeaux-Roissy Charles de Gaulle à 5h 30 avec transfert de bagages pour votre vol, vous n'aurez pas de frais supplémentaires. Maintenant, nous

vous connaissons bien, nous connaissons les raisons de votre départ pour l'Asie. Vous savez, monsieur, la Compagnie et les hôtesses vous souhaitent de réussir. Bravo ! Votre projet est formidable.

Comme je l'ai été quelques heures avant, mon épouse est à son tour libérée d'un coup de cette chape d'abattement et d'anxiété qui pesait sur elle à la seule idée de ne pas avoir de billet pour être au Viet-Nam le 3 janvier : elle contemple ces nouveaux billets, à la bonne date cette fois… je vois bien qu'elle est ailleurs, et moi aussi...

— Et ton visa, me dit-elle tout d'un coup ?
— Eh bien, je ne pars pas en même temps que toi.
— Quoi ?
— Ne t'inquiète pas, bien sûr nous partons ensemble là-bas. Mais j'ai réservé un billet de train pour Montparnasse le lundi 2 janvier au matin. Arrivé à Paris, je le récupérerai directement à l'ambassade, ce sera plus sûr.
— Et tu crois pouvoir l'avoir à temps pour partir avec moi ?
— Normalement oui, mon train arrive vers 8h 30 à Roissy ; en suivant, j'ai un RER qui m'amènera au métro et je dois arriver à l'ouverture de l'Ambassade. Par contre, au cas où je ne serai pas à l'heure, toi, tu prends ton avion. Je me débrouillerai pour avoir un prochain vol avec une autre compagnie.

Nous sommes maintenant quasi-prêts. Évidemment, je suis toujours dans l'incertitude de pouvoir partir avec elle, faute d'avoir obtenu à temps mon visa, mais j'y crois. Comme la fois précédente, notre voisin me fait à nouveau le circuit depuis Roissy pour me rendre à l'ambassade : c'est un grand habitué de la vie parisienne et des transports.

Quelques jours avant le départ, un ami d'enfance nous propose de passer une journée avec sa famille pour nous changer les idées, et nous voilà partis dans le Lot, à Beaulieu-sur-Dordogne : une excellente journée.

Le soir, au moment de nous séparer en quittant l'autoroute, il me glisse dans la main une enveloppe :

— Mes beaux-parents, mon épouse et moi, me dit-il, nous avons pensé à vos faux frais ; nous vous souhaitons bonne chance, du courage, un bon voyage et surtout à bientôt avec le bébé, on y tient.

D'autres amis nous félicitent ; ils nous rassurent : à coup sûr, nous y arriverons, nous sommes bien organisés ; eux aussi participent aux faux-frais : de super copains.

Il nous reste encore à réunir une belle somme d'argent en espèces. « L'Ange » nous avait dit qu'il ne fallait surtout pas déclarer la totalité de cette somme sur la fiche que l'on nous remettrait pendant le vol, sinon cet argent resterait bloqué par la police et ne nous serait restitué qu'au compte-gouttes. Or il nous faudra beaucoup de liquidités et rapidement.

Nous réunissons donc une très belle somme en moyennes et grosses coupures, mais une nouvelle hantise nous envahit : celle de se faire voler par un pickpocket et tout serait alors fichu. Heureusement, une idée jaillit. Mon épouse avait acheté il y a quelques années une machine à coudre, rangée depuis dans le fond du garage. Je ne sais pas m'en servir, ce n'est pas mon truc, eh bien je vais essayer ! Je demande à ma femme de m'acheter un grand slip ou caleçon et pour elle une culotte assez grande. Le samedi matin très tôt, je me lance dans la couture, je prends des chaussettes de tennis, je divise la somme en deux sans plier les billets et je les glisse dans les chaussettes que je couds. Ce n'est pas superbe mais ça tient et c'est l'essentiel. Ensuite je couds les chaussettes dans le fond des culottes : pour moi le bon vieux slip kangourou, c'est bien il y a une poche et on peut y mettre quelque chose ; on pourra dire que nous aurons l'argent bien au chaud ! Pour nous voler, il faudra que le voleur passe par là, il lui faudra nous arracher la culotte ! Mon épouse a trouvé l'idée excellente et assez originale. Mais trêve de plaisanterie, nous ne sommes tout de même pas trop rassurés.

Le lundi matin mon beau-père m'accompagne comme prévu à la gare de Bordeaux pour prendre mon train. À mon arrivée à Roissy-Charles de Gaulle, je file directement prendre le RER et je m'installe confortablement au fond du wagon. J'interroge mon voisin de siège, en lui expliquant que je dois me rendre rue Boileau : j'y suis allé une fois, depuis Montparnasse, mais cette fois en RER, c'est différent. Je lui montre le plan que m'a fait mon voisin : il me dit de bien suivre les indications car le plan est parfait ; la chose importante, c'est de regarder sur le côté vers le plafond : le trajet du train est indiqué avec les arrêts, donc il suffit de faire attention quand le train ralentit. Après avoir fait les changements de ligne, j'arrive comme prévu à l'ouverture de l'Ambassade.

A l'intérieur, déjà beaucoup de monde et j'ai dû attendre trois quarts d'heure avant d'être appelé. La personne derrière le guichet me remet mon visa. Enfin, le précieux sésame ! Je la remercie vivement, elle se lève et me félicite, me souhaite bon voyage et bonne chance.

Je n'arrive pas à joindre mon épouse pour lui annoncer que tout est bon, elle doit être sur le trajet de l'aéroport, ce sera donc une surprise. Et je refais le trajet en sens inverse jusqu'à Roissy où j'arrive vers 11 heures, libéré de tout souci car j'ai mon visa en poche. Il me semble que j'arrive juste au moment où l'avion de mon épouse décolle de Mérignac, elle doit arriver vers midi, je l’attends donc. Enfin elle est là devant moi.

— Tu as eu ton visa ?
— OUI !
— Tu l’as eu ! génial ! alors ça s'est bien passé ?
— Oui très bien ; et l'argent ça va ? cela ne te gêne pas trop ?
— Non, me dit-elle, il est bien au chaud, et toi ?
— Pareil. Tu sais, je suis arrivé à la gare et tout s'est déroulé comme une lettre à la poste, bien mieux que la première fois, je n'ai même pas attendu longtemps à l'ambassade.

Encore une bataille bien menée, à croire que vraiment nous avons un ange au-dessus de notre tête. Nous prenons le temps de déjeuner et nous nous rendons vers l'embarquement. Nous sommes tremblants de peur à cause de l’argent liquide que nous avons sur nous, mais nous passons la douane sans encombre.

Découverte et retrouvailles

Nous avons nos sièges sur le côté droit de l'appareil, à deux rangées de la cabine de pilotage ; à travers le hublot, nous apercevons les avions qui roulent sur le tarmac, des silhouettes qui s'agitent devant notre appareil, le bruit de la porte qui vient de se fermer ; les hôtesses vérifient que nous sommes bien attachés, que les casiers au-dessus de nos têtes sont bien fermés, bref le rituel normal. L'avion se met à bouger, il roule vers la piste d'envol, un steward nous rappelle les consignes de sécurité, on se tient la main : ça y est, il est 13 heures et nous décollons vers notre enfant ! Encore 16 heures environ, avec une escale d'une heure à Bangkok, et nous y serons…

Comme nous l'avait dit « l'Ange », on nous remet une fiche à remplir, sur laquelle il faut noter la somme d'argent que nous avons sur nous : nous suivons ses conseils et ne déclarons que quelques centaines d'euros. Je n'arrive pas à dormir, je regarde un film, mon épouse quant à elle est assoupie et elle tient dans la main la photo de notre bébé.

Sur l'écran, je suis le trajet de l'avion, il reste encore beaucoup à parcourir avant notre escale à Bangkok ; tout est noté : la vitesse, l'altitude, la température extérieure, il fait froid et je distingue même du givre sur les hublots ; la nuit arrive vite. Les rideaux des hublots sont fermés, une partie des passagers dort. Mais voilà que j'aperçois le jour qui se lève à l'horizon : incroyable, nous rattrapons le jour ! Je découvre la forme arrondie de notre planète, et l'avion se pose à l'aéroport de Bangkok. Nous restons une heure dans l'avion, il fait chaud, des femmes d'entretien passent l'aspirateur alors que nous sommes restés dans la cabine, l'attente me paraît longue, enfin de nouveaux voyageurs prennent place et nous redécollons.

Une heure plus tard nous atterrissons à Hô Chi Minh. Nous sommes attendus : un homme tient un panneau à la main avec notre nom. On s'avance vers lui et apparaît une femme qui s'approche de nous, mon épouse sourit et s'exclame : c'est « l'Ange » ! Plus loin se tient Nhu qui est là aussi, enfin je les vois tous pour de vrai. Mon épouse embrasse « l'Ange », puis Nhu, elles entament une discussion et elle me les présente : je suis très surpris car Nhu fait très jeune et elle n'est pas très grande.

Notre ange nous presse car son chauffeur nous attend pour nous accompagner à notre hôtel.

Nous sortons de l'aéroport : chaleur moite, bruit infernal qui bourdonne dans les oreilles, rues pleines de monde, véhicules en pagaille et surtout des motos, odeur de gaz brûlés qui saisit les narines. Enfin j'y suis, le pays de mon fils !

Durant le trajet, « l'Ange » dit à mon épouse qu'elle est enchantée de faire ma connaissance et trouve que nous faisons un très beau couple. Se tournant vers moi, elle me demande si nous avons fait bon voyage, si nous avons bien la somme d'argent demandée.

— Vous savez, me dit-elle, si je vous dis ça, c'est juste

parce que c'est très important pour bien avancer : nous n'avons que quelques jours devant nous avant la remise officielle de votre enfant et il faut terminer le dossier. Mais ne soyez pas inquiets, tout va bien se passer maintenant que je suis là ».

Le chauffeur freine brutalement.

— Vous voyez, monsieur, c'est ça le Vietnam. Les gens vous coupent la route, tout le monde klaxonne.

Incroyable cette activité : ça sort de partout, les magasins se touchent tous, des boutiques, des cafés, une ville qui bouillonne, des dizaines de câbles électriques entremêlés, certains pendent même le long des poteaux sans rien au bout, une impression de jamais vu.

— Je vous conduis chez Marie à l'hôtel que je vous ai réservé : elle parle très bien le français.

À notre arrivée, un employé prend nos bagages. Étonnant : dans le hall, à l'intérieur donc, plusieurs motos sont rangées.

— Ici vous serez bien, ajoute « l'Ange », vous disposez de tout ce dont vous avez besoin. J'ai l'habitude de travailler avec elle, c'est une amie et nous avons hébergé de très nombreux adoptants. De plus l'endroit est stratégique car tous les centres administratifs utiles se trouvent aux alentours immédiats. Je vais vous laisser vous reposer. Nous nous verrons demain, mon chauffeur passera vous prendre pour vous conduire à l'orphelinat.

Que cela me fait bizarre, j'en frissonne.

— Alors, me dit mon épouse d'un air amusé, comment trouves-tu le pays ?
— Génial !

— Et en plus, tu n'as encore rien vu…
— Oui je me doute bien !

Une employée nous demande de la suivre : notre chambre se trouve au troisième sans ascenseur, un escalier étroit y mène, par-dessous un filet d'eau tombe dans un bassin. Elle nous montre les lieux, la salle d'eau et les toilettes se trouvent sur le palier mais la chambre est grande avec télévision, téléphone et Wifi, et en plus nous disposons d'une terrasse avec vue sur les toits d' Hô Chi Minh.

La première chose que nous faisons avant même de prendre une douche, c'est de cacher nos chaussettes…

Nous sommes fatigués par le voyage et nous n'avons pas dormi depuis notre départ de Bordeaux. Mais nous descendons pour nous détendre et faire connaissance avec la propriétaire de l'établissement : celle-ci s'est absentée ; alors nous sortons dans la petite rue et mon épouse en profite pour fumer une cigarette. Depuis le trottoir je contemple les alentours : un café se trouve juste en face, le bruit intense des véhicules ne me gêne pas : je suis tellement heureux d'être là pour mon fils que je vais enfin voir pour de vrai !

— Tu sais, chérie, j'aimerais rencontrer Xavier pour le remercier de son efficacité.
— Oui, mais quand nous aurons le temps.
— Nous irons avant de repartir pour la France.
— Je serai heureuse aussi de revoir sa famille et de les remercier à nouveau pour m'avoir donné de précieux conseils et des moyens qu'ils ont mis à ma disposition ainsi que ses employées qui se sont bien occupées de moi.

Vers 20 heures, nous redescendons pour grignoter. Sur le conseil de Marie, nous nous faisons livrer un repas léger car nous n'avons pas très faim. Nous en profitons pour faire connaissance : elle a la quarantaine, parle très clairement le français, c'est une femme ravissante. Elle nous montre l'ordinateur que nous pourrons utiliser et nous dit qu'elle se tient à notre entière disposition si nous avons besoin d'elle pour l'adoption. La réception est décorée de guirlandes, un arbre de noël est posé sur le comptoir.

Mon épouse appel Nhu pour lui dire de ne pas venir : nous serons absents toute la journée car nous irons tous les deux à Gop Vap voir le bébé, mais nous la préviendrons quand nous serons de retour de l'orphelinat.

La nuit fut très longue : je m'installe sur la terrasse, que je suis heureux d'être là : je regarde, j'observe, je respire à pleins poumons mais je tousse aussitôt. Un mélange d'odeurs m'envahit et m'irrite la gorge : c'est étouffant, je suffoque entre la pollution de l'air, la vapeur des toits plats et humides des bâtiments après l'orage, toits que le soleil a chauffés durant toute la journée. Je pense à mon épouse qui était là dans cette ville il y a à peine trois mois, j'essaie de ressentir ce qu’elle a vécu en septembre dernier, je pense que je suis là, que mon fils est tout près de moi quelque part dans cette grande ville, peut-être est-il né ici ? Je hume l'air, je respire, j’expire plusieurs fois : que ça sent bon, oui malgré tout, ça sent bon, je ne veux pas oublier ces moments.

Mon épouse vient me rejoindre, elle non plus n'arrive pas à trouver le sommeil : juste nos regards qui se croisent : on pense à la même chose, nous nous serrons très fort dans les bras l’un de l’autre, sans un mot, juste le bonheur d’être là.

Du bruit un peu plus loin attire soudain notre attention : on entend une bétonnière et nous voyons des gens qui travaillent. Étonnant, en pleine nuit, on dirait qu'ils construisent un immeuble tout près de notre hôtel, des projecteurs les éclairent, je pense qu'ils sont au deuxième étage, je les vois porter des seaux de béton, enfin c’est ce que je pense, ils sont nombreux et ils font tout à la main.

Nous rentrons alors et fermons bien la porte pour ne plus entendre ce vacarme : on allume la télévision pour regarder *TV5 Monde*, la clim fonctionne bien. Nous sommes attaqués par de très petits moustiques : on dirait des moucherons, on les voit à peine mais leurs piqûres font mal. Apparemment nous avons dû les faire entrer avec nous. Enfin nous arrivons à nous endormir, mais le bruit extérieur nous réveille à peine trois heures plus tard ; il est 6 heures du matin et le jour commence à se lever. Les moustiques ont fait leurs repas, je ne cesse de me gratter !

D’autres bruits qui proviennent cette fois de l’escalier me donnent envie de descendre : à l’accueil, une jeune femme, certainement une employée, que je salue mais qui ne parle pas le français. Arrive ensuite Marie, accompagnée d’un homme qu’elle me présente comme son mari et d’une jeune fille vêtue d'une superbe tenue de collégienne : chemisier blanc, jupe noire, chaussettes blanches et chaussures noires. Je devine que c'est la fille du couple ; le père et la fille mettent un casque et enfourchent une moto, je comprends qu'il l'accompagne à l'école.

Quoiqu'encore un peu endormi, je sors moi aussi : je l'avais constaté depuis la terrasse, l'activité à l'extérieur est impressionnante, les bruits de moteurs sont assourdissants, et je ne vais pas rester longtemps dehors : le climat est rude dès le matin. Je vois le bâtiment en travaux, des gens qui se faufilent dans cette petite rue ; juste à côté de l'hôtel, un voisin a installé devant sa porte un barbecue sur lequel il fait griller de la ventrèche qu'il vend en sandwich. Une femme à vélo s'annonce en criant tout en appuyant sur la poire d'un avertisseur sonore : dans un panier en osier accroché au guidon, elle vend des crevettes vivantes.

J'entends le son d'une fanfare, d'un petit groupe qui joue très fort.

— Il y a une fête dans le quartier ?
— Non, me répond Marie, le voisin vient de décéder et c'est la cérémonie d'adieu au mort : une levée funèbre syncrétiste et bouddhiste.
— Ah ! J'avale ma salive : je suis vraiment désolé.
— Il n'y a pas lieu, vous ne pouviez pas savoir.

Elle nous propose un petit déjeuner à la française, ce qui ravit mon épouse qui vient de descendre.

— Je ne vous demande pas si vous avez bien dormi.., vous savez, j'ai l'habitude de recevoir des touristes de tous pays, des Français, des adoptants.
— Ah oui, nous avons peu et très mal dormi, et si vous aviez quelque chose contre ces tout petits moustiques…
— Les moustiques ? Malheureusement, nous ne pouvons

pas y faire grand-chose : laissez la clim tourner la nuit et évitez de garder ouverte la porte qui donne sur la terrasse. J'en suis vraiment désolée pour vous, je vais quand même prévenir un employé pour qu'il puisse faire le nécessaire.

— Je peux vous dire aussi, reprend-elle, que « l'Ange » ne vous a pas fait venir ici pour rien : je travaille beaucoup avec elle, mais je sais bien que cela ne durera pas car les démarches individuelles pour les adoptions vont devenir impossibles. Les derniers événements qui se sont passés en Afrique ont provoqué cette réaction de notre gouvernement, surtout vis-à-vis des adoptants français qui sont à l'origine de ce problème. Nous recevons surtout des Américains, des Anglais, des Italiens, mais vous, vous êtes sans doute les derniers de France ; j'espère que dans quelque temps tout reviendra à la normale mais j'en doute quand même.

— Ah, j'oubliais, «l'Ange» m'a demandé de vous dire de vous tenir prêts : son chauffeur passera vous prendre devant l'hôtel aux alentours de 8 heures pour vous accompagner à l'orphelinat de Gop Vap.

Sur un plateau une jeune femme nous avait apporté du café, du pain blanc, de la confiture, du beurre, du lait ainsi qu'une corbeille de fruits. Nous nous sentons un peu comme chez nous. Mais comme nous le demande Marie, nous devons nous préparer. Quelques minutes plus tard nous sommes prêts : nous avons pris quelques vêtements pour les enfants de l'orphelinat et le téléphone nous annonce que le chauffeur nous attend devant la porte.

Nous faisons à peu près quatre kilomètres, et toujours cette impression de foule pressée, de circulation dans tous les sens. Tout à coup, ma femme s'exclame :

— Ça y est, je reconnais l'endroit : l'orphelinat n'est plus très loin. Tu vois le magasin ? J'y ai fait des courses avec Nhu. Et là, c'est la petite rue, c'est ça, c'est là ! et voilà les grilles de l'entrée…

— Je vais revoir mon bébé, murmure-t-elle, revoir son sourire, je vais le prendre à nouveau dans mes bras et lui faire de gros câlins.

De grandes grilles protègent en effet l'orphelinat mais le portail est entre-ouvert et le chauffeur nous fait entrer, traverser un hall et accéder à une petite cour : c'est très calme, une personne nous fait comprendre d'attendre là. Je regarde mon épouse qui me tient le bras, ses yeux humides :

— Tu vois, me dit-elle en me montrant l'escalier, notre bébé est en haut, c'est la première porte sur la gauche

« L'Ange » apparaît alors et nous invite à la suivre. Nous empruntons l'escalier, aucun son ne sort de notre bouche, nous avons la gorge nouée par l'émotion. Deux femmes sur le palier nous font entrer dans une grande pièce, avec de nombreux lits et autant de bébés.

— Je reconnais, me dit ma femme, ce sont les femmes qui m'ont entourée pendant mon séjour !

L'émotion est palpable, elles nous saluent en souriant.

— Maintenant, nous dit « L'Ange », c'est à vous de trouver votre fils.

Mon Dieu ! J'ai bien présente dans ma tête la photo du bébé, j'essaie de me mettre dans le contexte ; je vois mon épouse étirer les yeux en constatant, l'un après l'autre, que ce n'est pas le bébé que nous cherchons, notre bébé. C'est qu'ils sont nombreux, environ quarante dans cette grande pièce, la plupart tiennent un biberon entre leurs mains, quelques-uns l'ont laissé sur le côté : ils n'ont plus faim sans doute et ils nous regardent. Certains ont des handicaps, beaucoup ont du bleu sur la peau, comme si c'était des inscriptions sur la peau au bleu de méthylène, d'autres ont des boutons. Je reste muet, je cherche mon fils : mais où est-il, le beau bébé qui éclate de rire ?

Nous passons ainsi en revue plusieurs carrés où les lits sont disposés côte à côte : ce n'est pas facile de le trouver, il a maintenant un peu plus de cinq mois et il a dû changer. Nous nous rapprochons de la sortie, l'anxiété monte et je commence à me demander ce qu'ils vont penser si nous ne reconnaissons pas notre enfant ! Ma femme me regarde en me faisant comprendre son agacement.

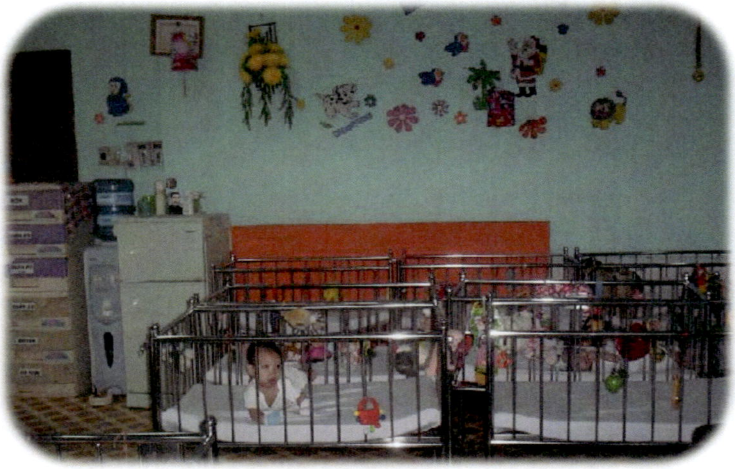

Nous voyant bien ennuyés, « l'Ange » nous dit dans son français à elle : « c'est chaud, vous brûlez ! ». Nous restons pourtant là, regardant à gauche et à droite des bébés qui se ressemblent tous…lorsque « l'Ange » m'arrête devant quatre bébés : je ne vois pas, j'essaie pourtant, quand tout à coup mon épouse s'exclame :

— Le sourire ! le sourire, c'est lui, oh ! mon Dieu c'est lui !
— Il est beau, n'est-ce pas ? nous dit « l'Ange ». Prenez-le donc dans vos bras.
— C'est lui ! Oh oui, je le reconnais bien maintenant, ne cesse de répéter mon épouse.

Moi aussi ; ça y est, je revois le beau poupon que je n'avais vu qu'en photo, ce beau bébé qui éclate de rire dans les bras de mon épouse, je le reconnais bien moi aussi

On peut imaginer dans quel état nous sommes… je suis heureux comme un gamin ou plutôt comme un jeune papa qui vient de recevoir le plus beau des cadeaux ; enfin je vois mon fils, je vais pouvoir le toucher, le prendre dans mes bras, c'est juste énorme.

Les femmes se mettent à rire, certaines essuient des larmes : ça vient tout seul ! Mon épouse me pose délicatement notre bébé dans les bras. Moi aussi j'ai les yeux tout brillants, pour la première fois j'ai un bébé dans les bras, notre bébé ; je suis tendu, crispé même, je ne sais pas

comment le tenir, j'ai peur de le faire tomber, je le tiens sans doute trop serré ! Je suis heureux, pleinement heureux mais choqué en même temps et triste : comme j'aimerais tous les sortir de là, ces enfants sans famille !

Nous descendons enfin avec le bébé, comme « l'Ange » nous a demandé de le faire.

— Avez-vous de l'argent sur vous, me demande-t-elle ?
— Oui, je dois avoir 600 euros
— Ça ira, mais je vous avais dit qu'il fallait amener des dollars.

Je ne comprends pas trop : l'euro est une devise tout à fait reconnue, mais ce n'est pas le moment de poser ce genre de question. Une porte s'ouvre et une jolie femme d'une quarantaine d'années nous demande d'entrer. C'est la directrice, nous dit « l'Ange », et la personne qui l'accompagne, son adjoint. Nous entrons dans un salon, une grande table trône au milieu de la pièce. Nous lui remettons la valise de vêtements que nous avions préparée, quelques plaques de chocolat : elle semble apprécier notre geste.

Un homme s'approche de nous et nous salue :

— Mon mari, nous apprend « l'Ange » ; il a tenu à m'accompagner : cela ne vous dérange pas ?
— Non, bien sûr que non, nous sommes très heureux de faire sa connaissance.

La directrice parle beaucoup avec « l'Ange », qui nous traduit quelques mots : elle trouve que nous faisons un très beau couple, elle pense sincèrement que le bébé sera bien avec nous. « L'Ange » me demande de la suivre dans une pièce isolée pour que je lui donne de l'argent. Comme par sécurité j'avais séparé la somme en deux, je prends les billets d'une poche et les lui donne : « ça ira très bien, me dit-elle » avant même que je ne lui donne la deuxième moitié.

Elle s'isole à nouveau avec la directrice une bonne vingtaine de minutes. Nous ne comprenons pas bien ce qui se passe, nous ne pouvons qu'attendre... mais nous sommes avec le bébé !

Enfin elles reviennent pour nous demander de prendre place à table car nous allons déjeuner ensemble. Une nourrice reprend le bébé des bras de mon épouse et s'installe en face de nous. « L'Ange » s'installe entre la directrice et nous et fait l'interprète.

— Soyez les bienvenus au Vietnam, vous avez fait un très long voyage pour venir jusqu'ici. Je suis la directrice de cet orphelinat et je suis heureuse de vous rencontrer pour vous remettre votre fils. Le prénom que j'ai donné à votre bébé signifie « vif et intelligent ». Pour le nom de famille, c'est le mien : chaque enfant qui entre sans nom dans cet orphelinat porte le mien.

— Nous allons finir de préparer votre dossier, reprend-elle. Vous êtes là maintenant et je ne suis pas opposée à cette adoption, donc ne soyez pas inquiets ; vous formez un beau couple et en plus vous avez l'âge de la sagesse : je pense sincèrement qu'il sera très heureux avec vous. Je tiens aussi à vous dire que votre dossier est très ancien et c'est pour cela que nous avons fait très vite, il a fallu que le ministère à Hanoï le sorte du dessous de la pile. Sachez encore que le Vietnam préfère donner aux Américains et aux Italiens ; c'est très compliqué aujourd'hui avec la France, en raison de problèmes posés par des adoptants.

Elle fait allusion bien entendu à l'affaire de l'Arche de Zoé, évoquée plus haut, et qui a bien terni l'image de la France en matière d'adoption.

On nous apporte du poulet grillé avec du riz, des corbeilles de fruits, elle nous souhaite bon appétit. Pendant ce temps, le bébé passe de bras en bras : les femmes le câlinent comme si elles voulaient en profiter une dernière fois.

Le repas terminé, « l'Ange » et la directrice se retirent à nouveau et nous restons à pouponner tout en échangeant quelques mots avec le mari de « l'Ange » resté auprès de nous ainsi que certaines femmes. Il parle le français mais s'exprime peu : il était professeur dans une université en Caroline du sud, à la retraite maintenant bien qu'il continue à donner quelques cours.

Il doit être 15 heures environ quand on nous apporte du thé avec des gâteaux et des fruits.

— Donnez-moi encore de l'argent, s'il vous plaît, me demande «l'Ange».
— Tenez, c'est tout ce qui me reste sur moi, ça ira ?
— Oui, pas de problème, vous allez faciliter le quotidien des enfants et donner du souffle à l'orphelinat.

Elle disparaît quelques minutes puis revient vers nous avec le sourire jusqu'aux oreilles :

— Maintenant, le chauffeur va vous raccompagner à votre hôtel et je peux vous dire que tout se passe bien, très bien même.

Nous prenons l'escalier pour ramener le bébé et dire au revoir aux nourrices. Ces dernières nous félicitent et nous leur présentons le bébé pour qu'elles puissent le remettre dans son lit, non sans l'avoir embrassé une dernière fois en lui disant : « à demain, bébé d'amour ». Mais derrière nous, notre ange sourit :

— Mais non ! mais non ! Vous partez avec lui, à votre hôtel.

— Là, maintenant ?
— Oui maintenant, le chauffeur vous attend, dites au revoir et descendez.

Les nourrices éclatent de rire, embrassent notre fils puis le remettent dans les bras de mon épouse.

Je suis à proximité d'un autre enfant, à quatre pattes dans son lit : il tente de se lever en s'accrochant aux barreaux, son regard en dit long. Je ne sais pas pourquoi, mais à ce moment-là je comprends bien que lui aussi voudrait venir avec nous. J'ai envie de le prendre, mon épouse a la même réaction. Nous partons pourtant avec notre bébé, mais le cœur serré : bien sûr, mais nous ne pouvons pas le prendre lui aussi, nous n'avons pas prévu un deuxième enfant, nous en avons un et nous ne voulons pas prendre le risque de tout perdre. Alors nous ne voulons pas traîner, nous descendons rejoindre notre chauffeur, quelques gestes de la main et nous montons dans la voiture. Ce bébé, c'est probablement lui que nous avons revu, ma femme et moi, dans une émission à la télévision deux ou trois ans plus tard. Sûrement le journaliste dont je parlerai plus loin…

Comment dire ? C'est génial, c'est extraordinaire : nous nous retrouvons avec le bébé ! Nous nous regardons et nous osons à peine y croire : nous allons passer notre première nuit avec lui… Vraiment, nous n'avions pas prévu ça. « L'Ange » nous avait écrit sur une feuille tout ce que nous devions faire : le lait en poudre qu'il lui fallait, les horaires des biberons, bref l'aide d'urgence pour jeunes parents désemparés mais heureux !

ANH-TUAN DEVIENT NOTRE FILS

Il fait nuit quand nous arrivons à notre hôtel. Le retour a été deux fois plus long qu'à l'aller, mais ce n'est pas grave car nous avons maintenant un bébé à contempler… Le chauffeur lui aussi sourit, il nous manifeste par geste toute sa sympathie, en levant le pouce en signe de bravo, ou en faisant le V de la victoire. Mais nous sommes fatigués, épuisés même : le décalage horaire, la chaleur, le bruit, la nuit presque blanche, et bien sûr l'évènement, mais nous tenons, nous résistons plutôt bien.

À l'entrée, Marie nous attend elle aussi avec un grand sourire : elle est émue, s'approche du bébé, lui prend sa petite main, le chatouille : « que tu es beau ! »

Aidée d'une employée, elle installe dans la chambre un petit lit. Je les laisse pour aller faire les courses.

Je n'ai pas à aller loin : sur le même trottoir, sur même pas cinquante mètres, se trouvent au moins trois pharmacies.

J'en trouve une qui a le lait prescrit, j'achète également quatre biberons et une tétine qu'il n'a jamais utilisée... Le marché est encore ouvert. Je me faufile au milieu de la foule, traverse la grande avenue : quelle circulation ! J'ai dû m'y prendre à plusieurs reprises pour traverser, failli me faire renverser plusieurs fois par des motos, les feux tricolores ne servent à rien... J'achète dans une boutique une marque de couches bien connue, j'y trouve aussi une poussette-canne que je prends sans hésitation, ainsi que des produits comme du lait de nettoyage pour bébé et des lingettes. Je reviens un peu plus d'une heure après, mon épouse me félicite pour mes premières courses en ce domaine ! Nous n'avons pas envie de manger et, malgré le peu de sommeil de la nuit dernière, nous n'arrivons pas à dormir : nous restons assis sur le bord du lit à contempler notre enfant. Nous chassons quelques moustiques qui tournent autour de lui, leurs piqûres font très mal : demain nous achèterons une moustiquaire.

Le lendemain matin, alors que femme et bébé dorment tranquillement, je descends sans réveiller personne pour prendre mon petit déjeuner et j'y trouve Marie : je lui dis que les moustiques n'ont cessé de nous ennuyer et que c'est gênant pour le bébé. Elles feront un nettoyage complet, me répond-elle, mais en attendant elle me confie une raquette électrique qui les grille tout de suite, pour autant qu'on arrive à les toucher, bien sûr ! Elle me conseille également d'aller changer des euros en dongs, la monnaie du pays : un bijoutier qu'elle connaît très bien peut le faire en toute confiance ; il y a aussi une banque juste derrière l'hôtel.

Je refais donc le trajet de la veille : le marché est ouvert, du monde partout, impossible encore une fois de traverser la grande avenue. Du coup, je reste sur le trottoir à regarder autour de moi : des commerçants avec des charrettes pleines de fruits, cerises, fraises énormes, pamplemousses superbes, ananas ôtés de leur peau épaisse, magnifiquement présentés ; des boucheries installées à même le trottoir, les morceaux de viande suspendus au-dessus de la tête du boucher ou posés tout simplement sur une planche par terre : pas de mouche pourtant ; à côté une fleuriste assise sur un tabouret présente de superbes compositions : j'en achète une pour offrir à la maîtresse de maison ainsi qu'à mon épouse. Une femme prépare la *pho* : elle coupe de fines tranches de bœuf pour les plonger dans le bouillon brûlant. Les gens mangent tout le temps : à toute heure de la journée, on vous propose de la nourriture, des tables de fortune sont installées le long des trottoirs, le moindre recoin est occupé. Un peu plus loin, dans une ruelle, plusieurs bassines d'eau remplies de poissons vivants, d'anguilles, de fruits de mer, de petits crabes : une femme choisit un beau poisson, la vendeuse l'attrape, l'assomme, le pèse et le prépare. À proximité, j'aperçois des rideaux suspendus : j'y trouve une moustiquaire que j'achète.

Toujours intrigué par le bruit de bétonnière que j'entends la nuit, je m'approche du chantier : les ouvriers sont là et travaillent dur. Ils montent les seaux remplis de sable et de grave, et je distingue à l'étage des étais de bois pour maintenir un plancher : ils doivent couler une dalle de béton. Je suis ébahi autant par le nombre de personnes qui y travaillent que par la simplicité du coffrage. Je me demande comment ça peut tenir... À côté, je trouve la bijouterie dont m'a parlé Marie. J'y entre, du doigt je montre une gourmette et note sur un papier le nom et la date de naissance de notre bébé pour la faire graver ; le bijoutier me fait comprendre de revenir dans la journée pour la récupérer et j'en profite pour changer quelques euros en dongs.

Je rentre à l'hôtel : mon épouse est en train de déjeuner, le bébé dans les bras.

— Alors, tu as découvert les alentours ?
— Que oui ! c'est impressionnant lui dis-je en lui offrant le bouquet de fleurs. J'en ai un autre pour la propriétaire, et j'ai acheté aussi une moustiquaire.

— Tu sais, repris-je, j'aurais pu me faire écraser trente-six fois ! C'est vraiment dangereux ici de traverser les rues, je n'ai même pas pu tout voir sur le marché !
— Je te montrerai une prochaine fois, tu sais, il y a une méthode pour traverser les rues et rester vivant !

Mais il faudra que je risque plusieurs fois me faire tuer avant que, plus tard, elle pense à m'indiquer cette fameuse méthode !

Nous sommes le jeudi 4 janvier. « L'Ange » nous a prévenus qu'elle passerait nous voir dans la matinée, pour organiser la remise officielle, et Nhu doit aussi nous rejoindre ce matin et passer la journée avec nous. Elle est déjà là quand arrive «l'Ange», accompagnée de son mari et de son homme de confiance, qu'elle nous présente.

— Il vous accompagnera quand vous en aurez besoin, il suffira de le faire appeler par Marie. Venez dîner demain soir à notre hôtel, j'ai réservé une table : je vous remettrai le dossier concernant le bébé. Avez-vous l'argent, en dollars ? Car on ne peut rien faire sans, évidemment.
— Non, malheureusement, je n'ai pas pu changer les euros en dollars ; j'ai bien voulu le faire à Bordeaux, mais les frais étaient énormes.
— Vous n'avez pas écouté ce que je vous avais dit ! me dit-elle.
— Vous savez, les euros, c'est bien aussi.
— Certainement, mais je vous avais dit des dollars : ici on paye en dollars. Vous allez venir avec moi à la banque centrale d' Hô Chi Minh. Vous ferez le change ensuite avec un bijoutier que je vous enverrai demain, c'est une personne que je connais très bien et vous pouvez avoir toute confiance en lui.

Durant le trajet, elle me montre en passant devant le service des migrations, les principaux services administratifs dont nous aurons besoin, le consulat de France, le cabinet du notaire qui sera chargé des traductions, différents styles d'immeubles, son hôtel 5 étoiles en plein cœur de la ville, la cathédrale et l'hôtel de ville, splendides bâtiments que l'on doit à l'architecte français Paul Gardés. Elle ne pense pas,

nous dit-elle avec un petit sourire, que nous aurons trop le temps de visiter…

Le chauffeur nous dépose devant la banque centrale, elle se présente au guichet et entame une conversation avec l'agent, qui semble ne pas vouloir comprendre. Elle lui demande un papier, y inscrit quelques mots qu'elle lui tend : l'agent se raidit immédiatement et part manifestement chercher un responsable. C'est que « l'Ange », une Vietnamienne de petite taille, a un fort caractère et une sorte d'autorité naturelle émane d'elle. Elle est avocate à la retraite, habituée aux démarches difficiles.

Quelques courtes minutes plus tard, arrive une femme élégante qui échange quelques mots avec «l'Ange», puis un homme qui pose devant nous une grande enveloppe pleine de dollars... Elle signe le reçu et me dit :

— Vous voyez, quand nous voulons, nous pouvons… Maintenant, je vais enfin pouvoir travailler.

La somme remise par le banquier me paraît énorme ! Je ne sais pas trop, mais elle doit aussi avoir un vaste réseau de relations…

— Je vous fais confiance, reprend-elle, je vous avance l'argent. Vous n'êtes pas venus pour rien, et même si vous ne m'avez pas écoutée, vous devez être sérieux.

Sur le chemin du retour, nous nous arrêtons au comité populaire : elle me demande de la suivre dans un hall là encore bondé de monde. Elle s'avance vers un guichet et pose plusieurs questions à une jeune femme qui manifestement ne s'affole pas et prend son temps. Notre « Ange » commence à perdre patience et le ton monte entre les deux, ce qui m'inquiète bien sûr. Elle me rassure, mais je n'en pense pas moins, quelque chose de grave semble se passer. Tout à coup, ce petit bout de bonne femme me prend le bras en m'intimant de ne pas bouger. Elle contourne le guichet, ouvre une porte et passe derrière les bureaux, et la voilà qui s'exprime d'une voix forte au point que tous les employés vont vers elle.

J'hallucine ! Elle va sûrement se faire expulser, ce n'est pas possible, c'est une bombe cette femme ! Après avoir dit ce qu'elle avait certainement à leur dire, elle revient vers moi, toujours le regard sévère, me rassure en me disant que tout allait bien se passer, mais que surtout je ne bouge pas de là. Elle se retourne vers les employés qui la saluent de la tête, il me semble qu'ils ne font plus les malins, ça a dû chauffer à l'intérieur… elle se dirige vers un ascenseur. Un quart d'heure se passe, qui m'a paru des heures, et la voilà qui réapparaît avec un grand sourire et m'assure à nouveau que tout se passe bien. Les employés, derrière leur guichet, ont quasiment l'air de s'excuser…

Je suis soulagé bien sûr, mais je me demande encore aujourd'hui ce qui a bien pu se passer, qui elle a vu, d'où lui vient cette autorité : mystère, je ne le saurai sans doute jamais.

— Je vous ramène à votre hôtel et nous nous verrons demain soir, comme prévu pour le dîner.

Le lendemain matin vers dix heures, deux hommes se présentent à l'hôtel : ce sont les bijoutiers. Je monte prévenir mon épouse qui préfère rester dans la chambre, je récupère nos chaussettes pour prendre les billets. Je suis un peu inquiet car les sommes sont importantes, j'appréhendais depuis longtemps ce moment ; donc je reste méfiant. L'un des deux pose une valise sur la table, l'autre prend une calculette ; la maîtresse de maison, Marie, me rejoint et me demande si j'ai bien l'argent et je lui réponds que oui, bien sûr. Ça me rassure un peu de l'avoir auprès de moi. Je sors les billets et les leur montre : ils ont l'air impressionnés par ces grosses coupures, ils les comptent et recomptent, ils les vérifient à plusieurs reprises avec un appareil spécial. Heureusement, ils sont bons ! L'un ouvre la valise et compte les dollars correspondants, l'autre me présente la machine à calculer pour que je puisse vérifier les chiffres. Je suis agréablement surpris, car ils viennent de faire la transaction au cours du jour sans frais. Moi qui m'interrogeais justement sur les frais de change, je suis maintenant soulagé. J'ai peut-être fait une économie de 600 euros quand je regarde les frais de change en France.

— Vous voyez, me dit Marie, ils sont sérieux.

Les bijoutiers me remercient et ils s'éclipsent, après une super poignée de main accompagnée d'un clin d'œil.

Pendant ce temps, mon épouse qui était restée dans la chambre avec notre fils avait reçu un appel de « l'Ange » : son chauffeur passerait nous chercher vers 18 heures pour nous rendre à son hôtel, et surtout, il ne fallait pas oublier l'argent.

Ce midi nous partons déjeuner avec Nhu dans un restaurant près de l'hôtel. Dans la rue, des femmes préparent des nems, d'autres des omelettes sur des braseros, et tout cela à même le sol. Nous nous installons en bordure de rue à une table de fortune, une nappe vichy la recouvre.

Nhu nous conseille : elle nous traduit en français les plats de la carte et nous choisissons nems et salade.

Après le repas, nous nous promenons dans un parc à quelques centaines de mètres de là et à proximité d'une magnifique église. Le parc est très bien entretenu, il me fait penser au jardin public de Bordeaux mais avec plus d'exotisme, notre bébé est souriant, il semble attiré par la foule qui s'active.

Je dois ensuite retirer de l'argent, pendant que Nhu et mon épouse repartent à l'hôtel avec le bébé.

Devant la banque, un gardien armé ! À l'intérieur peu de monde et je me présente devant un employé : je lui tends ma carte bleue et lui demande de me donner pour 600 euros en Dongs : il ne me comprend pas et j'écris la somme sur un papier. Il me réclame mon passeport, se lève et va voir une personne installée derrière son ordinateur qui me dévisage alors longuement. Après un coup de fil qui m'a paru bien long, il donne l'ordre d'accepter ma demande, enregistre la somme et me donne un bordereau en me faisant comprendre que je devais prendre le couloir et me rendre à l'un des guichets qui se trouvent un peu plus loin. Au fond du couloir, je découvre du jamais vu chez nous : des guichets de banque, j'en ai quand même l'habitude, mais ce que je vois là me laisse sans voix ! Une table de plus de 4 mètres sur 2, remplie de billets de banque sur 50 cm de haut : incroyable, il y en a là pour une fortune. Une femme au guichet d'à côté dépose un chapelet d'or, une douzaine de mini-lingots, je rêve, je me demande vraiment où je suis. Une employée s'avance vers moi et prend place derrière le comptoir, elle compte les billets qu'elle doit me remettre : il y en a beaucoup, je ne m'attendais pas à ce que ça en fasse autant et du coup je comprends mieux la réaction du premier employé quand je lui ai formulé ma demande de retrait.

Je lui fais comprendre que je préfère des grosses coupures, car je n'ai que ma « banane » autour de la taille et mes poches : un euro valant à cette époque 25 000 dongs, 600 euros, cela fait 15 millions de dongs : heureusement, il y a des coupures de 500 000 dongs, ce qui réduit le nombre de billets. Je prends mon argent et retourne à l'hôtel raconter mon étonnement à mon épouse.

Mais il faut que je sorte à nouveau, car le bébé a perdu son doudou, et il faudrait que je lui en achète un autre, et que j'en profite pour faire quelques autres courses. Je lui demande, quant à moi, de mettre au frais la bouteille de champagne : nous l'apporterons avec nous pour fêter la remise du dossier.

Je me rends donc au marché couvert et je trouve un commerce qui dispose d'articles pour bébé : je prends un foulard ressemblant au doudou, deux jouets à accrocher à la poussette et je tends un billet, je rassemble les articles dans une poche et je repars vers l'hôtel. Mais tout à coup on me tape sur l'épaule et une dame âgée me fait signe de la suivre jusqu'à la boutique. Je me demande ce que j'ai bien pu faire comme bêtise ... À mes pieds la vendeuse assise en tailleur compte des billets et me les donne en secouant la tête et en souriant : ça y est, oui ! J'ai donné un gros billet de 500 000 dongs et je suis parti sans attendre la monnaie ! J'ai la tête ailleurs, la fatigue et la chaleur me rendent étourdi. Revenu à l'hôtel, je m'installe devant l'ordinateur pour consulter mes messages et écrire à nos amis. Avant de rentrer chez elle et de retrouver ses amis, Nhu me montre comment fonctionne l'ordinateur ici car certaines fonctions sont différentes de celles que nous avons à la maison.

Notre chauffeur est à l'heure et nous arrivons vers 18h30 à l'hôtel de «l'Ange». Celle-ci se trouve dans le hall de la réception avec son mari et un autre homme que nous n'avons encore jamais rencontré. Elle nous invite à prendre place dans un des grands salons situé au fond de la salle ; nous sommes d'autant plus tranquilles que l'hôtel paraît désertique. Cet homme a rédigé une lettre qu'il remet à «l'Ange» : cet homme y témoigne que le bébé a été trouvé dans la rue tout près de l'orphelinat, il affirme sur l'honneur n'avoir aucun lien de parenté avec l'enfant, ni direct ni indirect. Il y précise aussi que des recherches ont été effectuées et diffusées sur les radios. Des bandes-annonces dans les services publics ont tourné en boucle pendant trois mois, mais ni père ni mère ne se sont manifestés, ni personne d'autre pour réclamer le bébé. Celui-ci est donc bien seul et sans famille… mais plus pour longtemps !

Après avoir pris un cocktail, l'homme nous quitte et « l'Ange » glisse ce document dans un épais dossier. Elle nous invite alors à monter à l'étage pour rejoindre le restaurant.

La grande salle est vide elle aussi et nous prenons place à une table ronde qui nous est réservée, contre une baie vitrée : la vue est exceptionnelle et donne sur une place illuminée par un marché nocturne, noir de monde. Un serveur nous apporte la carte et nous faisons notre choix en suivant les conseils de «l'Ange». Elle entame la discussion en effeuillant une à une les pages du dossier d'adoption :

— Il est complet, nous dit-elle, je vous le donne et je vous remets aussi le certificat médical de votre fils. Soyez rassurés, jusqu'à présent tout se passe bien, la remise officielle de votre enfant est prévue pour lundi prochain au comité populaire. Mon chauffeur viendra vous chercher pour vous y accompagner.

Notre bébé dort tranquillement dans la poussette, elle lui donne quelques cadeaux et un ourson en peluche qui vient d'un de ses petits enfants, s'extasie devant lui.

— Il sera heureux avec vous, ça se voit. Êtes-vous bien sûr de n'avoir rien oublié ? Sinon on ne pourra pas avancer et cela risquera de retarder la cérémonie de remise de votre enfant, cela compliquerait bien le processus.
— Ben oui, nous avons tout, répondons-nous en nous regardant l'un l'autre.

— Bon, très bien, et vous avez pensé à amener l'argent ?
— Oui, bien sûr !

Je sors de ma poche une épaisse liasse de billets que je pose devant elle, mais elle continue à parler sans se soucier de ce que je venais de lui donner. Ça me confirme bien qu'elle n'est pas là pour l'argent ; je sors de mon autre poche l'autre liasse et la pose à côté de la première : elle s'interrompt, me regarde et me sourit.

Pendant le dîner, nous parlons d'elle et de son mari, de ses petits enfants : elle devient très attachante. Son mari quant à lui ne dit toujours rien : ce n'est sans doute pas de la timidité mais il paraît très réservé. Discrètement, elle lui tend les billets qu'il compte, puis il les met dans une sacoche.

Mon épouse sort la bouteille de Champagne millésimé : il faut dire que nous n'avions pas lésiné et choisi un champagne renommé. Elle la confie au serveur pour qu'il la mette à rafraîchir, elle est ravie.

Le chauffeur nous ramène à l'hôtel aux alentours de 23 heures. Inquiétés par la remarque insistante de « l'Ange », nous nous mettons à éplucher notre dossier pour être sûrs de n'avoir rien oublié.

Eh bien si ! Il nous manque la pièce principale ! Ce n'est pas possible, il nous manque l'accord du Conseil général pour accueillir un enfant, le document officiel le plus important : comment se fait-il que nous ne l'ayons pas ? Heureusement qu'elle a insisté, sinon nous n'aurions même pas regardé pour faire le point de notre dossier, tellement nous pensions tout avoir. On imagine facilement les conséquences…

J'ai l'estomac qui se noue, mais qui se noue vraiment, une crise d'angoisse. Comment avons-nous pu être négligents à ce point, comment avons-nous pu oublier ce document. Mon épouse est dans tous ses états. Ce précieux document, il me semble que c'est le même que j'avais scanné et envoyé à l'ambassade de France à Hanoï, lors du premier séjour de mon épouse, il y a un peu plus de trois mois.

Nous passons à nouveau une mauvaise nuit, mais une très, très mauvaise nuit. Il faut nous calmer, nous trouverons certainement une solution. Je n'arrive pas à consoler mon épouse, d'ailleurs moi aussi je cache difficilement ma déception : je sors sur la terrasse, je me tape la tête contre le mur. Je m'en veux, mais alors je m'en veux...

Je m'imagine prendre un avion pour repartir en France chercher ce fichu document. C'est horrible, encore une fois nous passons la nuit sur le bord du lit, complètement désorientés à nous demander comment nous allons faire, à regarder notre enfant, à lui donner le biberon, à chasser les moustiques. Je sors sur la terrasse, il fait déjà jour et je vois un homme qui arrose la dalle de béton de l'immeuble en construction, pour qu'elle ne sèche pas trop vite, je suppose, mais à vrai dire je m'en fous totalement !

Je vois des hommes qui se mettent debout et qui s'étirent : je comprends alors qu'ils ont travaillé toute la nuit et se sont endormis sur le chantier et l'homme avec le tuyau d'eau vient de les réveiller en les arrosant, mais je m'en fous, mais alors totalement. J'ai la tête ailleurs, et avec une belle bosse.

— Écoute, chérie, je téléphone à ton frère.

Nous lui avons donné les clés pour garder la maison et pour qu'il s'occupe de nos animaux pendant notre absence. Je tombe sur notre répondeur, je refais un appel cette fois sur son portable, il décroche.

— Beau-frère, il faut que tu nous sauves : tu dois trouver l'accord que nous a donné le conseil général de la Gironde. C’est capital, urgent, très urgent même. C'est un document officiel, tamponné à l'encre rouge et certifié conforme.
— Oui, oui, mais je ne suis pas à la maison. J'y vais de suite je n'en ai pas pour longtemps.
— Merci, tu vas le trouver dans le local du fond, rangé normalement dans un dossier vert, je te rappelle dans une demi-heure.

La demi-heure passée, pas une minute de plus, je le rappelle :

— Je suis très embêté, me dit-il, il y a plusieurs documents et je ne vois pas lequel tu veux.
— Si, si dans le dossier vert !
— Je t'assure, je ne vois pas lequel.
— Dis-moi, beau-frère, Xavier, notre voisin d'en face, est-il là ?
— je vais voir, oui, il est là.
— Bon, écoute, je lui téléphone de suite, toi porte-lui tout ce que tu as trouvé.

Notre voisin décroche :

— Alors, comment ça se passe ? Où en êtes-vous pour l'adoption ?
— Nous avançons mais là, nous avons un gros problème, un très gros problème : il nous manque un document, il faut que tu nous aides
— Bien sûr, de quel document s’agit-il ?
— Il nous faut à tout prix l'accord du Conseil général : au bas de la feuille, il est certifié conforme, tamponné à l'encre rouge et signé par le président du conseil. Mon beau-frère va venir te voir et t’apporter tout ce qu'il a pu trouver.

— OK, raccroche, je regarde.

Quelques minutes plus tard, je le rappelle :

— Je pense que j'ai trouvé ce qu'il te faut, me dit-il, donne-moi ton adresse mail et dès que tu auras reçu le fichier, tu me confirmes ?
— Tu en es sûr ?
— Non, pas tout à fait, mais il y a de fortes chances que ce soit le bon.
— Surtout scanne le bien en JPEG, il me faut la copie de l'original donc la couleur du tampon doit bien apparaître.
— Bien sûr, pas de problème.

Je m'installe alors devant l'ordinateur de l'hôtel et j'ouvre ma boîte mail : mon voisin a envoyé le fichier et c'est le bon ! Ouf, oui c'est lui, oui ! Je saute en l'air, je me cogne le genou sur le bureau et me fais mal, mais quel soulagement ! Je lui réponds immédiatement :

— Oui, c'est bien le bon document, merci, merci, tu nous sauves à un point que tu ne peux pas savoir. Tu sais, je ne me voyais pas revenir à Bordeaux pour le récupérer, je ne sais pas comment te remercier, c'est tellement important pour nous.
— Tu n'as pas à me remercier, me répond-il, c'est normal de faire ça entre voisins et je suis bien content d'avoir pu vous aider dans votre adoption : bonne chance à vous deux, de loin nous pensons à vous.

Encore faut-il que je l'imprime et rien à faire, je n'y arrive pas, même avec l'aide de Marie et de Nhu !

Nous avions rencontré la veille à l'hôtel un client français : il venait chaque année, nous avait-il dit, pour la fête du *têt* et repartait au printemps. Nous n'avions pas discuté plus, car il venait d'arriver et était fatigué du voyage.

Le voilà justement qui arrive, revenant de quelques courses sur le marché. Il s'approche, demande de nos nouvelles et voit bien que nous sommes ennuyés. Je lui explique que je n'arrive pas à imprimer un document important pour l'adoption que nous sommes en train de faire, ce dont il se doutait quand il nous avait vus la veille avec le bébé.

Il n'était pas plus compétent que nous en la matière, mais il avait une clé USB même s'il ne savait pas trop comment on s'en servait. Nous voilà donc tous les deux devant la machine, aussi néophytes l'un que l'autre, à vouloir faire passer le fichier de l'ordinateur vers la clé ! Je crois bien y être arrivé, mais impossible de l'ouvrir… il me propose de tenter de l'ouvrir à partir de son portable, paramétré en France et sans doute plus facile à utiliser pour cela : j'insère la clé, je vois apparaître le nom du fichier, je clique dessus et miracle, le document apparaît. Le fichier est donc bien sur la clé. Mais comment l'imprimer ? Nhu me propose d'aller dans la grande avenue : j'y trouverai plusieurs boutiques de bureautique, ce que me confirme Marie : il suffira que je leur montre ma clé USB, ils comprendront tout de suite.

Dans l'avenue, je vois un local avec de grosses imprimantes : je montre à un homme la clé et il me fait voir du doigt un autre magasin un peu plus loin ; je me faufile dans la foule, je fais trois boutiques, le troisième me fait signe d'aller de l'autre côté de l'avenue, que je traverse avec les difficultés que je connaissais bien… Je me présente devant la boutique, un homme s'avance vers moi et je lui montre la clé. Il me fait signe de le suivre puis il la connecte sur une imprimante et m'invite à lui montrer sur l'écran de quel document il s'agit. Il l'imprime, un jeu d'enfant pour lui, me remet ce précieux papier : je soupire, enfin ! Ça y est, nous avons tout. Sans doute a-t-il compris à quoi devait servir ce document ? Il refuse le billet que je lui tends et avec un grand sourire, il me serre la main en me tapotant l'épaule.

Il me reste à le faire traduire. L'homme de confiance de « l'Ange » vient me récupérer à l'hôtel, et nous partons tous les deux à moto chez le notaire, qui nous promet la traduction dans la journée.

Nous sommes lundi, et nous attendons : nous sommes fin prêts pour la remise officielle. Nous attendons le chauffeur toute la matinée, mais personne ne vient. On ne comprend pas. Que se passe-t-il ? Pourquoi n'est-il pas venu ? Personne ne nous a prévenus de quoi que ce soit. La fin de la journée arrive, toujours aucune nouvelle, l'inquiétude grandit. «L'Ange» nous a demandé de ne pas lui téléphoner, ce qui ne nous rassure pas... Nous, nous enfermons dans notre chambre, nous ressassons nos inquiétudes. Enfin le téléphone sonne : ce doit être «l'Ange» ! Mais non, c'est Marie :

— On ne vous a pas vus, vous n'êtes même pas descendus, avez-vous mangé au moins ?
— Non, et nous n'en avons pas envie.
— Pourquoi ? Que se passe-t-il ?
— Comme vous le savez, nous devions partir ce matin pour la remise officielle de l'enfant, mais personne n'est venu nous chercher et nous n'avons aucune nouvelle.
— Ne vous inquiétez pas, ce sera certainement pour demain.

Je commence à m'énerver, mon épouse de même, nous pensons, nous repensons, nous formulons toutes les hypothèses, même les pires. Serait-elle partie avec notre argent ? Mon Dieu, pourvu que ce ne soit pas ça. La police allait-elle venir chercher notre enfant ? On imagine le pire, la police entre dans la chambre, nous reprend l'enfant : c'est affreux.

Déjà nous préparons notre défense : je réunis tous les documents qui prouvent la raison de notre venue, toutes les traces, les écrits, les e-mails. Nous vivons encore de longs moments très difficiles, atroces. Encore une nuit blanche.

Au matin je descends et je discute de la veille avec Marie : elle essaie bien sûr de me rassurer, me dit que le chauffeur viendrait ce matin, de ne pas nous inquiéter. Mais qu'en sait-elle ? Je ne veux pas m'affoler, j'essaie juste de me contenir, mais ce n'est pas facile. Je prends un café qui ne va pas m'aider à me détendre ; mon épouse ne veut pas bouger de la chambre, reste auprès du bébé et ne veut rien. Oui, je m'inquiète. Je rejoins mon épouse et m'assois à côté d'elle. Nous continuons d'attendre mais toujours pas de chauffeur. Mon épouse pleure, prend le bébé dans ses bras, l'embrasse, lui fait de gros câlins, je fais de même, c'est bien tout ce que nous pouvons faire tant nous restons impuissants, bloqués dans cette chambre sans pouvoir faire quoi que ce soit.

Il est 10 heures, j'appelle la réception pour avoir des nouvelles ; je sais bien que si elle en avait eu, elle nous aurait de suite appelés… mais il faut bien faire quelque chose. J'obtiens bien sûr la réponse attendue et redoutée : pas de nouvelles, pas vu de chauffeur, pas d'appel de la part de «l'Ange». Malgré son interdiction de l'appeler au téléphone, je décide de le faire : elle décroche et me répond sèchement, à la limite du respectable, qu'elle nous avait dit de ne pas le faire, qu'elle est très occupée en ce moment par notre dossier, de ne pas nous inquiéter pour autant. Elle ajoute que ce serait certainement pour le lendemain et qu'elle-même devait retourner aux États-Unis.

— Mais madame, nous sommes très inquiets, mon épouse est en pleurs. Pourquoi ne pas nous prévenir que ce ne sera pas pour aujourd'hui ou qu'il y a du retard ? Vous manque-t-il de l'argent ?

— Non, non, me répond-elle toujours sèchement, nous avons ce qu'il nous faut.

Elle raccroche et nous restons là, à nous poser les mêmes questions sans réponse, que c'est dur ! Le lendemain, dès le petit matin, nous sommes à nouveau prêts et nous attendons…

En changeant le bébé, mon épouse me montre des plaques rouges sur sa peau : on pense à la varicelle, on ne sait pas trop ; il nous faudrait un médecin, comment faire ? Je me souviens que le consulat nous avait dit que si nous avions besoin de quoi que ce soit nous pouvions les appeler. Et de fait, dès la fin de la matinée, il nous envoyait un médecin, d'origine vietnamienne.

— Je vois, dit-il, ce n'est pas grave et c'est fréquent au Vietnam. Je vous prescris une pommade. Ne vous alarmez pas, il en aura pour quelques jours et les traces disparaîtront. Dès que vous arriverez en France, prenez rendez-vous chez un pédiatre.

En sortant de la chambre, il nous félicite en ajoutant que nous avions un très beau bébé.

Quelques instants plus tard, enfin, le téléphone sonne : c'est « l'Ange » ! Elle nous prévient que ce ne sera pas non plus aujourd'hui, qu'elle doit faire un aller-retour en Caroline du Sud. Son homme de confiance nous accompagnera ainsi que Marie au comité populaire. Son appel nous soulage grandement, après toute cette période d'extrême tension. Ce n'est pas le retard qui nous pose un problème, c'est bien l'incertitude, l'inquiétude devant l'inconnu, et cet appel enfin vient nous donner un éclairage, une explication.

Du coup, nous sommes rassurés même si tout ne va pas encore comme nous le voudrions ; nous décidons de ne pas

rester enfermés toute la journée, d'aller au restaurant puis de nous promener au parc avec Nhu. Un petit zoo s'y trouve, que nous n'avions pas vu la première fois, beaucoup de reptiles, d'autres animaux : nous prenons notre temps, quelques photos, nous revivons des moments d'apaisement.

À notre retour à l'hôtel, nous rencontrons un couple de Français qui vient juste d'arriver. Ils ne sont là que pour la nuit, lui est journaliste reporter. Ils ont un enfant de neuf ans, qu'ils ont adopté eux aussi à l'orphelinat de Go Vap. Ils veulent faire découvrir le Vietnam à leur petit garçon en même temps qu'il fait un reportage sur l'adoption et ils doivent ensuite partir quelques jours sur l'île de Phu Quoc. Nous décidons de dîner ensemble.

Tant de rencontres diverses, d'expériences nouvelles, de moments intenses : il faudrait que je puisse filmer tout cela avec un bon appareil : je cherche donc à en trouver un à un prix raisonnable. Nous voyons régulièrement à l'hôtel un taxi moto, un homme d'une quarantaine d'années, qui parle un peu français : je lui demande de me conduire dans un magasin spécialisé. Nous partons au centre-ville : la circulation est incroyablement désorganisée, je me demande bien comment il n'y a pas d'accident. Le taxi me dit qu'ici ils sont habitués mais qu'il faut être très vigilant. Certains sont quatre sur la moto, je vois un couple et leurs deux jeunes enfants, l'un assis sur le réservoir et l'autre entre ses parents. D'autres conducteurs ou passagers, on les distingue à peine derrière leur chargement acrobatique... Mais comment arrivent-ils à rouler et à tenir sur leurs engins ? Il faut vraiment le voir pour le croire.

Partout, des petits commerces ; ici, un réparateur de véhicules à 2 roues est installé à même le trottoir, il répare une chambre à air, le compresseur est en marche et fait un bruit infernal ; de tous les côtés, des femmes traversent les rues et les avenues en poussant une charrette de fruits ou de boissons, ou vendent des tickets de loterie, d'autres des piles de cartons : je découvre la vie au quotidien de cette population.

Mon taxi se dirige vers le centre et nous longeons des immeubles modernes, des supermarchés, une apparence plus occidentale. Il se gare devant un bâtiment et me demande de le suivre de près pour ne pas me perdre dans la foule et nous entrons dans un grand magasin, installé sur plusieurs niveaux. Nous trouvons au 2e étage le rayon numérique, photo, vidéo : un choix impressionnant s'offre à nos yeux, mais avec l'aide du chauffeur, un vendeur me conseille une caméra. Je l'achète, il la paramètre en français et l'appareil est prêt à être utilisé.

Sur la suggestion du taxi, nous décidons pour le retour de passer par les principaux quartiers de la ville et j'en profiterai pour faire une vidéo. Nous rejoignons ainsi le quartier des routards, puis longeons le temple bouddhiste, nous entrons dans le quartier chinois. Dans la rue, les commerçants et les habitants préparent la fête du *têt*, je filme tout. Je me sens bien, la pression est tombée, le stress, l'anxiété de ces derniers jours commencent à disparaître. Pendant que nous roulons, il me donne les détails de certains endroits : il se transforme en guide et je vois bien qu'il est heureux de le faire ; un super gars qui a connu la guerre et a vécu et appris notre langue avec des Français. Nous faisons halte dans un endroit qu'il fréquente régulièrement : un genre de bistrot dans un hangar fait de bois et de tôles, des tables et chaises posées sur de la terre battue, des clients majoritairement jeunes qui viennent passer un moment de détente, certains jouent aux dominos. Mon guide improvisé me fait goûter la bière du Vietnam : elle est bonne et bien fraîche. Il discute avec le patron, il parle de moi et de la raison de notre venue au Vietnam. Cela me vaut d'être félicité par plusieurs jeunes qui manifestement apprécient le geste de l'adoption.

A mon retour, je montre l'achat à mon épouse, lui raconte tout ce que j'ai vu pendant le trajet, je lui montre les enregistrements.

— Oh ! Super, nous allons pouvoir ramener avec nous des souvenirs que notre bébé pourra voir plus tard quand il sera grand.

Le soir, le journaliste nous amène comme prévu dîner dans un restaurant qu'il connaît très bien et qu'il nous recommande vivement : vous allez être surpris, nous dit-il. Nous empruntons une ruelle, enfin plutôt une impasse très étroite, on dirait un coupe-gorge ! Mais où nous conduit-il ?, De nombreuses motos sont rangées sur le côté, ce qui ne laisse qu'un étroit passage : trois mètres de large au plus, sur une cinquantaine de longueur. Nous arrivons devant le restaurant : incroyable ! Mais tout est incroyable ici ! L'établissement est splendide, de belles baies vitrées donnent sur une cour avec bassin, plantes, arbres même. Au milieu de ces murs, de cette ville trépidante, on se croirait ici à la campagne. Nous entrons, une magnifique hôtesse nous accueille, le restaurant est de grande classe, digne d'un étoilé de chez nous.

Je vois avec plaisir ma femme sourire et même rire des plaisanteries de l'épouse du journaliste ; elle raconte leur parcours d'adoption, estime que nous sommes allés très vite, qu'elle a peine à croire qu'en l'espace de trois mois nous ayons notre bébé. Enfin mon épouse est détendue, moi aussi d'ailleurs, la pression fait place à la détente, je retrouve le plaisir de la convivialité. Nous installons la poussette entre nous, autour d'une table ronde magnifiquement préparée, une serveuse nous apporte la carte et une autre celle des vins. La directrice de l'établissement se présente à nous pour prendre la commande : pour l'entrée une spécialité, puis une côte de bœuf. La viande vient d'Amérique du Sud et elle est excellente. Pour le vin, nous choisissons un Médoc que je connais particulièrement bien, mais notre journaliste nous conseille de prendre aussi le vin de Dalat : c'est une ville qui se situe au centre du Vietnam sur un plateau, la température y est printanière toute l'année.

Notre fils réclame le biberon. Une serveuse va le mettre à réchauffer, la directrice détache une employée pour nous libérer du bébé : celle-ci s'installe près de nous et lui donne le biberon.

— Voyez, nous dit le couple, ils ont compris que vous venez d'adopter un enfant et ils font tout pour vous être agréables ; dans le quartier, ils ont vu passer par centaines des adoptants et vous avez dû vous apercevoir qu'ils ont tous ce comportement.

Nous sommes ravis, nous voyons bien que le personnel de l'établissement est heureux de voir un enfant sorti de l'orphelinat, comme d'ailleurs l'ensemble des personnes que nous avons pu rencontrer ces derniers jours.

Le vin de Dalat est en effet surprenant : fruité et bien en bouche, le goût nous fait revenir dans notre région. Quand nous reviendrons passer des vacances en famille, j'irai à Dalat découvrir le vignoble. Nous parlons de notre parcours, cela les intéresse beaucoup car il est vraiment différend du leur. Ils ont adopté leur enfant à l'âge de trois ans, au même orphelinat que nous, mais avec l'aide d'une association.

— Voyez, nous dit-il, je profite de nos vacances pour faire un reportage sur l'adoption et sur l'orphelinat de Go Vap. Votre histoire m'intéresse, surtout en raison de sa rapidité exceptionnelle.

Il nous laisse sa carte de visite pour le contacter quand nous serons de retour en France. Je me rends discrètement au comptoir pour régler l'addition. Nous avons passé ainsi un superbe moment, je me sens hyper bien, j'en oublie les mauvais moments de ces derniers jours, nous sommes apaisés, enfin détendus.

Nous regagnons notre hôtel et notre chambre, nous couchons notre bébé, nous restons un moment sur le bord du lit à l'admirer puis nous nous endormons.

Le lendemain au réveil, je sors sur la terrasse et, m'appuyant sur la grille de sécurité, j'observe les ouvriers de l'immeuble en construction qui s'activent, ils sont sur le point de finir le troisième étage. Notre bébé se réveille et réclame son biberon que je lui donne rapidement pour ne pas le faire attendre et pour éviter de réveiller sa maman ; trop tard elle s'étire, se tourne en murmurant qu'elle veut dormir encore un peu. Mais oui, dors, je m'en occupe. Une fois le biberon avalé, je le change : je commence à m'y habituer et je prends un énorme plaisir à m'occuper du bébé, moi qui pensais ne jamais connaître ça après toutes ces années.

Le téléphone sonne soudain : c'est Marie :

— Le chauffeur est en bas et vous attend.
— Quoi ! Mais nous ne sommes pas prêts.
— Alors dépêchez-vous !
— Oui, oui, nous arrivons !

Je secoue mon épouse, qui peine à ouvrir les yeux :

— Qui vient de téléphoner ?
— Marie ! Elle vient de me dire de descendre rapidement, le chauffeur nous attend pour nous accompagner au comité populaire.
— Quoi ?
— Vite, dépêchons-nous. Enfin le grand jour de la remise officielle, c'est pour aujourd'hui.

Je n'avais jamais vu mon épouse sortir aussi rapidement du lit ! Elle prend sa douche façon météorite, on se croirait dans un film en mode accéléré, je passe rapidement une lingette avec du lait nettoyant sur notre bébé que j'habille en suivant. Il me regarde avec ses yeux grand ouverts : lui aussi, on dirait qu'il attend ce moment avec impatience ; d'ailleurs je crois comprendre qu'à travers ses « aaa, euh, bee » il me dit qu'enfin il va avoir un papa et une maman pour de vrai.

— Chérie !
— Quoi ?
— On lui met la gourmette, sa gourmette ?
— Ah ! Oui ! Oh, que oui ! Tu vois, elle est juste à la taille de son poignet, à notre poussin.

Nous n'aurons mis qu'à peine vingt minutes pour être prêts pour le grand jour.

En bas, Marie a le sourire :

— Aujourd'hui, pas de déjeuner, vous n'avez pas le temps ! allez, partez vite maintenant, on vous attend !

Son sourire n'en finit plus, le chauffeur met la poussette dans le coffre et pose le bébé à l'arrière du véhicule sur les genoux de mon épouse. Lui aussi a le sourire et nous dit quelques mots en français : « aujourd'hui grand jour pour vous et le bébé à vous ».

Nous arrivons dans le hall d'entrée : beaucoup de monde est déjà présent mais « l'Ange » n'est pas là. J'aperçois l'homme de confiance qui vient vers nous avec un grand sourire, nous débarrasse du dossier et nous fait comprendre d'attendre et de rester à côté de lui ; il s'approche de la grande pièce pour remettre les documents à une femme qui se trouve à l'entrée de la pièce.

— Chérie ! regarde, Marie est là !

Nous sommes tout surpris, elle est venue nous rejoindre.

— Mais que faites-vous là ?
— Je vous accompagne, vous ne vous sentirez pas seuls. «L'Ange» a dû vous le dire.
— Heu oui, en effet, elle nous l'avait dit.
— Comme je parle bien le français, je ferai la traduction quand vous en aurez besoin. En attendant, je vais garder le bébé.

Je n'en reviens pas : elle ne nous avait rien dit ce matin, quelle belle surprise, c'est très rassurant. Les yeux de ma femme brillent

— Vous voyez, nous dit Marie, c'est ici aujourd'hui un grand jour pour beaucoup de Vietnamiens, comme un grand jour pour vous aussi : en ce moment, ils célèbrent un mariage et je pense que la prochaine cérémonie sera la vôtre.

Nous tremblons comme si nous allions passer un examen, c'est une sensation incroyable.

— Allons, allons, ça va aller, nous dit-elle avec le sourire, puis elle parle à l'homme de confiance qui se retourne en souriant et nous tapote l'épaule en nous faisant des doigts le V de la victoire.

Tout à coup, je vois la directrice de l'orphelinat s'avancer avec son adjoint vers l'entrée et discuter avec l'homme de confiance. Elle nous regarde, nous salue de loin avec un léger sourire. C'est notre tour : nous entrons en dernier, nous sommes au moins vingt personnes autour d'une grande table en U ; on nous fait prendre place à droite de la directrice qui en profite pour nous tendre la main, le sourire toujours aussi léger, le regard sérieux. Après que tout le monde a pris place, un grand moment de silence se fait. Puis, au bout de la table, un homme prend la parole et bien sûr nous ne comprenons rien. Une lecture est faite ensuite, durant laquelle nous distinguons le prénom de notre enfant suivi du nom de famille qu'il porte à l'orphelinat ; puis il refait la même lecture mais nous entendons alors qu'après son prénom, c'est notre nom qu'il énonce. Oui, nous avons bien entendu : il a prononcé délicatement notre nom. Je tape du coude mon épouse et lui chuchote à l'oreille :

— Tu as bien entendu ? Il a prononcé notre nom après son prénom, c'est bien ça hein ?

Nous nous prenons la main, elle me fait signe de ne rien dire, de ne pas bouger, on ne sait jamais...

Vient le moment des signatures : plusieurs feuilles passent entre les mains de chaque personne présente, chacune signe chaque page : difficile d'imaginer l'état dans lequel nous sommes ! Je regarde vers le hall à travers la vitre, je vois Marie à côté de l'homme de confiance et celui-ci me fait toujours de sa main le V de la victoire, j'échappe comme un gros soupir. J'entends le tampon officiel qui frappe et refrappe les feuilles, et c'est au tour de la directrice : elle paraphe et signe les documents puis les glisse devant nous en nous indiquant où nous devons apposer notre propre signature : moment magique !

Après un bref discours, tout le monde se lève et applaudit, nous les remercions. Nous sortons de là les yeux remplis de larmes de bonheur ; Marie nous serre la main, puis nous prend dans ses bras. Avant de repartir, elle nous demande de donner le dossier à l'homme de confiance pour qu'il le porte de suite chez le notaire et qu'il soit traduit en français. La directrice s'approche, nous félicite longuement et lâche un grand soupir de soulagement ; puis elle repart rejoindre ses autres enfants à l'orphelinat.

Elle nous manque, notre « Ange » : nous aurions tellement voulu la prendre aussi dans nos bras, la serrer très fort pour la remercier. Peut-être a-t-elle eu peur que nous l'étouffions en la serrant trop fort et que c'est pour cela qu'elle n'est pas venue ?... En tout cas, elle nous manque beaucoup.

L'homme de confiance part aussitôt chez le notaire, et de notre côté nous rentrons à l'hôtel. Nous passons un moment à nous féliciter de tout le travail que nous avons fait et de ce que nous venons de réussir. Quel grand soulagement : après tout ce que nous avons subi, la fatigue, l'épuisement, notre nervosité, tout a totalement disparu. À la réception de l'hôtel, Marie et ses employés nous reçoivent les bras ouverts, les embrassades ne s'arrêtent pas. Nhu vient nous rejoindre : elle est tout heureuse, elle s'accroche à ma femme pendant plus d'une minute, que du bonheur. Puis nous partons déjeuner dans notre restaurant, notre cantine du coin de la rue.

Dans l'attente de son visa

Nous flânons de rue en rue, le bébé dans les bras, Nhu et mon épouse me montrent en me tenant la main comment traverser l'avenue :

— Tu vois, me dit-elle en rigolant, c'est tout simple. Il faut que tu traverses à l'endroit d'un carrefour : la circulation ralentit, car ils sont très attentifs, et quand tu traverses, ne t'arrête surtout pas, ce sont eux qui t'évitent ; il n'y a danger que si tu n'avances pas. Il faut vraiment être très vigilant.

Nous nous rendons sur le marché, puis nous rentrons dans un bar : j'ai trop envie d'une bière bien fraîche.

Nhu est ravie de nous servir de guide, de faire enfin son travail ! À la voir, elle y prend beaucoup de plaisir : elle nous montre les endroits sympas de ce quartier, nous présente aux commerçantes, traduit chaque mot.

— Toutes, nous dit-elle, vous félicitent et trouvent que le bébé est beau, qu'il a beaucoup de chance, et toutes nous font le V de la victoire.

— Oui, Nhu, il a peut-être de la chance, mais tu peux leur dire que nous aussi nous avons beaucoup de chance et qu'ils sont tous aimables, que nous sommes vraiment heureux de rencontrer des gens aussi accueillants, chaleureux, aussi gentils ; ajoute aussi que nous reviendrons quand le bébé sera plus grand, et nous repasserons dans ce quartier que nous n'oublierons jamais.

L'homme de confiance nous attend à l'hôtel ; il nous demande de faire des photos d'identité pour le passeport du bébé le plus rapidement possible, il reviendra nous chercher à 9 heures Mon épouse et Nhu partent avec le bébé chez un photographe en face du parc. Mon épouse prend les photos d'identité, donne un pourboire que la caissière ne veut pas accepter, aussi elle s'éclipse vite en la remerciant sans attendre la monnaie.

— Regarde comme il est beau, me dit mon épouse en rentrant et en me montrant les photos.

— Oh que oui, qu'il est beau dans sa barboteuse bleue.

— Vous savez, nous dit Nhu, je suis très heureuse de vous faire la traduction, car ce que disent les gens que nous rencontrons est très beau : chaque fois, je n'entends que des compliments sur votre bébé et votre démarche adoptive.

Le lendemain et à l'heure dite, l'homme de confiance passe nous prendre pour porter l'ensemble des documents et les photos au service des migrations et faire faire le passeport de notre enfant. Nous nous arrêtons en chemin récupérer chez le notaire les traductions et régler ses honoraires. Beaucoup de monde au service des migrations. Mais une minute après, la secrétaire me fait des signes en me montrant qu'une place est libre au fond de la pièce, l'homme de confiance me fait signe aussi de m'y rendre. Derrière le bureau, c'est un homme : je le salue et m'assois, puis j'attends. Les minutes passent et il ne s'occupe toujours pas de moi ! Je le fixe des yeux pour lui faire comprendre que je suis là, que j'attends. Il lève enfin la tête, regarde le bureau qui se trouve à sa droite et me fait signe d'y prendre place… Je n'ai pas le choix, quand tout à coup l'homme de confiance me tapote l'épaule et me fait signe de le suivre. Il a l'air énervé, son visage est crispé : il me ramène vers le premier bureau où une autre femme a pris place, il s'avance et parle à la secrétaire qui ne répond pas. Il prend alors sur le bureau une feuille et un stylo, y inscrit quelques mots et tourne la feuille vers la secrétaire. Celle-ci se raidit, le regarde, il a fait mouche manifestement, elle se lève et part en direction d'un long couloir. Puis il invite la jeune femme à me laisser la place, ce qu'elle fait sans rien dire, et me propose de m'asseoir à sa place… Je suis quand même très surpris, mais bon ! Il me tapote à nouveau l'épaule, me sourit en faisant un clin d'œil.

Je n'ai pas attendu longtemps : la secrétaire revient avec des documents que je dois signer, l'homme de confiance me fait comprendre de faire ce qu'elle me demande. Elle me salue tout en s'excusant, elle a l'air d'être désolée.

Nous revenons à l'hôtel, il ne peut s'empêcher de faire des chatouilles à notre bébé, ses yeux brillent, il est très ému.

C'est un homme intelligent, nous ne savons pas ce qu'il fait dans la vie, mais toujours est-il qu'il fait pour nous un travail considérable en l'absence de « l'Ange ».

Au risque de me répéter, mais c'est important de le dire et redire, l'émotion tient une place considérable dans notre aventure, nous la croisons partout, et notamment dans le regard des gens, jeunes comme adultes, qui nous prouve la sympathie qu'ils nous portent.

Pour lui aussi cette adoption paraît d'une grande importance et je pense qu'il veut bien mener sa mission, ne pas décevoir «l'Ange». Je le raccompagne à sa moto, et lui remets quelques billets en lui serrant la main. Son regard en dit long, il me sourit, me remercie et me fait comprendre qu'il reviendra nous voir le lundi suivant.

Il est environ 16 heures, mon téléphone sonne. C'est « l'Ange » qui nous félicite pour la remise officielle.

— Maintenant, nous dit-elle, au Vietnam, il est votre fils à part entière. Vous voyez bien qu'il ne fallait pas être inquiet, j'y arrive toujours, je n'ai jamais échoué. Pour me faire pardonner de vous avoir fait attendre ces quelques jours, et je comprends ce que ça a pu avoir d'éprouvant, je vous offre une journée à Vung Tau : c'est un superbe endroit, je m'occupe de tout et vous n'aurez rien à dépenser ; vous pourrez vous baigner dans la mer de Chine. Vous savez, le Vietnam est un très beau pays, Hô Chi Minh se situe entre la baie d'Ha-Long et le delta du Mékong. Cette ville est en pleine évolution, une véritable bouilloire économique : beaucoup d'hommes, de femmes, de familles descendent du nord pour venir y travailler.

Cette surpopulation, malheureusement, accentue la pollution qui est constante, alors cela vous fera du bien à vous et à votre bébé de respirer de l'air pur. Mon chauffeur passera vous prendre vers 8 heures demain matin, il s'occupera de tout : ce sera une journée rien que pour vous et pour votre enfant.

Comme je l'ai déjà dit plus haut, mon épouse connaît un peu Vung Tau pour y avoir séjourné avec Xavier.

— Ouh là là, tu vas voir comme c'est beau, un vrai paradis !

Le soir après avoir couché notre bébé, nous sortons sur la terrasse. Je vois que l'immeuble en construction a bien avancé, les ouvriers ont préparé un étayage pour recevoir un nouvel étage. C'est toujours aussi incroyable, ils avancent très vite, ils ne s'arrêtent jamais !

Nous sommes heureux, nous ouvrons une bouteille de champagne gardée au frigo pour l'occasion, nous prenons un verre, et puis deux. Nous nous enlaçons, nous sommes bien, très bien. Enfin ! Il ne nous reste plus qu'à attendre passeport et visa et nous rentrerons chez nous, mais cette fois à trois.

C'est maintenant une habitude : nous nous asseyons sur le bord du lit et contemplons notre beau bébé endormi, nous sommes heureux, détendus, apaisés. Cette fois, nous prenons le temps de bien nous allonger, et nous dormons d'un bon sommeil récupérateur, et chance, sans fournir de repas aux moustiques.

Le lendemain, pendant qu'une employée fait chauffer le biberon et que nous prenons le petit déjeuner, Marie nous rejoint avec son époux :

— Je ne vous demande pas si vous avez bien dormi, nous dit-elle avec un grand sourire!

Nos rires s'enchaînent, bien sûr que nous avons passé une excellente nuit ; son mari, avant de partir à son travail, me fait une super poignée de main qui en dit long.

Marie nous reparle de notre journée d'hier, nous interroge sur notre prochain départ pour Bordeaux ; elle est curieuse, nous questionne sur notre région, sur notre lieu d'habitation, mon métier et celui de mon épouse. Je lui parle de mes passions proches de la nature pour la chasse, la pêche, le ramassage des champignons dans nos forêts : j'y amènerai mon fils dès qu'il sera en âge, je lui apprendrai tout ce que mon père m'a transmis, tout ce que nous offre la nature dans notre magnifique région.

— C'est très bien, Monsieur, votre fils sera heureux, il aura une vie différente de celle d'ici. Vous n'avez plus votre père ?
— En effet, la maladie à la mode l'a emporté en 99.
— Je suis désolée, vraiment désolée.
— Voyez-vous, j'aurais bien voulu qu'il le voie, il aurait été très heureux pour nous, depuis le temps que nous désirions un enfant, et heureux aussi d'être grand père.
— Vous reflétez certainement l'image de votre père, ce devait être un homme bon et à travers vous il verra votre fils. Votre fils aura de l'espace, il sera loin de la pollution, du bruit, loin du malheur du début de sa vie : ce sera un enfant heureux, je le pense vraiment. Ici, vous avez dû vous en apercevoir, c'est très difficile pour les enfants. Ah, voilà le chauffeur, allez-y, nous continuerons notre discussion une autre fois, passez une bonne journée.

Le chauffeur charge la poussette et notre sac de plage dans le coffre, et nous partons. La traversée de la ville nous prend un certain temps, nous empruntons une route à 4 voies sur laquelle la circulation est certes fluide mais toujours aussi désorganisée ; plus loin, une moto a coupé la route à un camion qui l'a percuté mais par chance le motard n'a rien ! Au bout de quelques kilomètres, nous arrivons dans la campagne : des champs à perte de vue, des rizières, des exploitations arboricoles : le chauffeur essaie de nous dire que ce sont des arbres avec lesquels on fait l'intérieur des voitures, je ne comprends pas trop, mais bon. Nous voyons des pots fixés sur les troncs : c'est la même méthode que celle des résiniers des landes, sauf qu'ici ce ne sont pas des pins, probablement des hévéas ; les sous-bois sont très bien entretenus. Des femmes, les pieds dans l'eau, plantent du riz ; dans les endroits plus au sec, nous longeons de grandes étendues de culture de thé, des fruits rouges, on dirait du cassis ou des myrtilles. Nous croisons une mobylette qui se dirige vers la ville : elle traîne une remorque et deux cochons dedans...

Une centaine de kilomètres plus loin, la route est libre, nous ne croisons plus que très peu de véhicules, et nous arrivons à Vung Tau. Le chauffeur emprunte le front de mer où nous apercevons de superbes villas, de magnifiques maisons en bord de route, des hôtels, des restaurants, des pizzerias. Comme je me sens bien, enfin je découvre autre chose, la campagne, une ville balnéaire avec ses bateaux de pêche, des jonques, comme cet endroit est beau! Nous nous garons en bord de mer, on dirait la côte d'azur.

Il fait 28 degrés à l'extérieur, un petit air frais nous rafraîchit. Nous entrons dans l'hôtel, un bâtiment de toute beauté comportant une très grande salle à l'intérieur, le personnel y est nombreux. Nous sommes attendus et deux jeunes femmes s'avancent vers nous et nous dirigent vers des baies vitrées ouvertes sur la plage : une superbe vue sur la mer de Chine.

Le chauffeur porte nos affaires et les pose à côté des bains de soleil : il est 10 heures et demie, mon épouse change notre bébé, lui pose sur la tête un bob rouge que nous avions acheté sur le marché couvert. Nous nous avançons vers la mer, nous posons notre bébé dans des trous d'eau avant de le baigner dans la mer de Chine. Comme à son habitude, il éclate de rire, ses petites mains tapotent l'eau, il s'éclabousse et nous sommes heureux. Tiens, il fait la grimace, de l'eau lui a mouillé la bouche : il doit la trouver trop salée à son goût et nous rentrons pour le laver. Il est midi, nous passons à table, on nous offre l'apéritif et nous n'avons plus qu'à choisir notre menu sur la carte. Suivant les conseils du chauffeur, nous prenons des spécialités de la maison et une bouteille de rosé bien frais de Californie : le repas est bon, très bon. Le chauffeur se lève de table régulièrement pour venir nous servir, il s'occupe du bébé et lui donne même le biberon, il lui fredonne une chanson vietnamienne.

Manifestement, le bébé est sale et il faut le changer : le chauffeur l'a dans les bras, il se lève, prend le petit sac de change et s'apprête à le faire, mais mon épouse l'arrête :

— C'est à moi de le faire, dit-elle, rien qu'à moi, restez à table.

Le chauffeur joint ses mains et la salue ; moi non plus, je n'ai pas le droit de l'aider, je dois aussi rester à table…

Nous retournons l'après-midi sur la plage : une plage à perte de vue, une plage pour nous tout seuls, si ce n'est quelques personnes que l'on voit au loin, entièrement habillées et qui s'y promènent. Une femme marche à côté de son vélo, comme si elle venait juste de sortir de la mer pour s'échouer sur la plage, et sur le porte-bagages du vélo, un panier rempli de grappes de litchis. Elle s'avance vers nous,

nous nous faisons plaisir en choisissant la plus belle. La mer est calme, belle, bleu azur, superbe en somme.

L'heure de rentrer approche.

— Je suis heureuse, tellement heureuse, me dit mon épouse, après tout ce que nous avons vécu, je n'arrive même pas à réaliser que la remise officielle, c'était hier. Nous venons de tourner une page. Enfin je respire, et puis quelle agréable journée, vraiment notre « Ange » nous a gâtés. Tu sais, continue-t-elle, j'aimerais séjourner ici quand nous reviendrons pour nos vacances.

Oui, moi aussi, je suis soulagé, après toutes les épreuves que nous venons de vivre.

— Nous reviendrons ici, je te le promets. Vraiment, quel bel endroit !

Le chauffeur prend un autre itinéraire, il nous explique qu'il veut nous faire faire le tour de la ville et nous montrer combien elle est superbe. En effet. Nous arrivons à un port, magnifique, des jonques par centaines, ici c'est le port des pécheurs, plus loin celui des plaisanciers. La ville est vraiment belle. Je remarque un établissement qui vend des hamburgers, il y en a donc ici aussi...

— Regarde là-bas, me dit un peu plus loin mon épouse, l'année dernière avec Nhu, nous avons pris un bateau sur coussin d'air : il va à une vitesse fulgurante. Regarde aussi le temple bouddhiste.
— Où ?
— Là, regarde cette pagode. Et bien, c'est là dans le jardin qui se trouve à côté que j'ai pris les photos avec Xavier.

Je ne m'attarderai pas trop sur les détails, tellement ce serait long, tellement tous me reviennent en tête en racontant cette histoire. Et pourtant, ce sont de beaux moments aussi, ils font partie intégrante de notre belle aventure.

Nous arrivons à l'hôtel juste avant la nuit et nous nous faisons livrer le dîner par un traiteur.

Le lendemain, nous sommes dimanche, Nhu nous rejoint et bien sûr nous lui racontons notre journée de la veille. Elle a pris des billets pour que sa maman vienne du Cambodge nous voir. Nous savons combien c'est important pour sa maman de pouvoir revoir sa fille qu'elle n'avait pas revue depuis 2 ans : nous nous en félicitons car c'est en partie grâce à nous qu'en l'espace de quinze jours, elle est venue la voir deux fois. Avec nous, en effet, elle gagne un peu d'argent, elle peut donc aider sa famille ; et puis cela lui permettra d'être tranquille quelque temps et de s'offrir les choses dont elle aura envie.

Sa maman se déplace en autobus : le voyage est long, un peu plus de 300 kilomètres ; elle travaille dur dans une entreprise qui emballe du café, le salaire est très bas. Nhu nous avait dit qu'elle avait des difficultés pour se procurer les médicaments dont sa grand-mère a besoin, car ils coûtent très cher. Alors nous faisons le nécessaire.

Le lendemain matin, l'homme de confiance m'accompagne au service des migrations, pour y récupérer le passeport. Beaucoup de monde dans le hall, il me fait comprendre de bien ouvrir mes oreilles. Je constate que les gens sont appelés, or c'est très bruyant : je suis hyper concentré, car j'ai des difficultés à distinguer les noms. Au bout d'une demi-heure environ, une femme prononce un nom que je n'entends pas trop bien, alors je ne bouge pas n'étant pas sûr que ce soit le mien : elle regarde la foule et pose les yeux sur moi, il est vrai que je suis le seul de type européen. Tout en me regardant, elle prononce lentement un prénom et ensuite il me semble mon nom de famille. Je ne suis toujours pas tout à fait sûr mais je pense que cette fois c'est moi : je m'avance, elle me sourit. Je m'assois, elle prend un passeport redit mon nom que je comprends à peine et du coup je ne réagis pas. Avec un air amusé, elle ouvre alors le passeport et me montre la photo : je sursaute et ne peux retenir ma joie, mais oui, c'est bien lui, c'est mon fils ! Je me retourne, et je fais le V de la victoire à l'intention de l'homme de confiance, il a le sourire jusqu'aux oreilles. J'en ai les larmes aux yeux : ça y est, j'ai le passeport de mon fils, ça y est nous pouvons repartir, bon sang que c'est bon ! J'ai le passeport, elle vient de me remettre le passeport de mon fils, si je pouvais, je danserais ! De me voir ainsi, des personnes autour de moi rigolent. Je crois qu'elles ont compris ce qui m'arrive. J'appelle mon épouse pour lui annoncer la bonne nouvelle : elle aussi explose de joie, j'entends aussi du monde qui crie autour d'elle, ce doit être Marie et Nhu qui elles aussi expriment leur joie.

Mais ce n'est pas terminé : il faut encore porter le passeport au consulat pour obtenir rapidement le visa ; il faut aussi passer à l'agence de la compagnie aérienne pour notre billet retour. Il ne faut donc pas traîner.

À l'agence, on m'indique que j'ai un vol pour Paris avec transfert pour Bordeaux le 19 janvier, soit dans trois jours. Je réserve pour nous et le bébé, l'hôtesse me demande l'âge du bébé : cinq mois ! Bien, nous vous réservons deux places et pour le bébé une nacelle qui sera fixée sur la paroi devant vous.

— Ah ! s'exclame l'hôtesse, vous êtes de Bordeaux, vous venez d'adopter le bébé et vous repartez avec lui ?
— Oui, c'est exactement ça.
— J'ai votre dossier, monsieur, encore toutes mes félicitations. Mais il nous faut le visa et le passeport de votre fils.
— Oui madame, je vais justement au consulat pour ça. Dès qu'il sera prêt, je vous l'apporte.
— Bien ! Normalement ça va très vite. Pour le vol, je le mets en option.
— Oui, merci madame et à très vite.

Je remonte sur la moto garée juste devant l'agence et nous partons au consulat. L'homme de confiance me fait comprendre qu'il ne peut pas y entrer avec moi, il m'attendra devant l'entrée.

Je me présente donc à la guérite et montre mon passeport. On me fait entrer dans le consulat et on me dirige vers le service concerné.

— Bonjour monsieur, que voulez-vous ?
— Je voudrais faire un visa pour mon fils.
— Votre fils ?
— Oui mon fils, nous venons d'adopter.

Je lui tends mon passeport, elle se lève et récupère un dossier dans une armoire.

— Ah oui, vous êtes arrivés début janvier pour une adoption. Bien, vous allez remplir ce document et je vais

vous poser quelques questions ? Pouvez-vous s'il vous plaît me donner le passeport de votre fils ?
— Oui bien sûr, le voici.
— Je vous demanderai aussi d'écrire sur papier libre comment s'est passée l'adoption.

Le document à remplir demande comment nous avons fait, combien cela nous a coûté, etc. Je me mets dans un coin et je remplis le formulaire. Une fois terminé, je lui tends la feuille qu'elle se met à lire.

— Comment se fait-il, me dit-elle en me regardant attentivement, que ce soit allé aussi vite ? Et la somme que vous avez dépensée est-elle bien exacte ?
— Oui, bien sûr !
— Vous savez, monsieur, je ne comprends pas trop, vous êtes allé très vite pour adopter, je n'ai jamais vu ça.

Ouh là là, vu son comportement et sa rigueur, je commence moi aussi à me poser des questions, mais je fais bien attention à ne pas faire voir mon embarras.

— Bien, reprend-elle, vous avez adopté un petit garçon qui a maintenant un peu plus de cinq mois ?
— Oui
— N'avez-vous réglé que cette somme, et rien de plus ?
— Oui madame c'est tout.
— Bien, bien, vous avez avec vous les documents concernant la remise officielle, sa fiche médicale ? Il me faut les pièces justifiant que l'enfant a été abandonné.
— Non, madame, je ne les ai pas avec moi, mais s'il le faut, je pars les chercher de suite à notre hôtel.
— Tenez, pour ne pas attendre à votre retour, vous montrerez ce badge au gardien et vous venez directement à mon bureau.
— Oui madame, à tout à l'heure.

L'homme de confiance me demande si tout s'est bien passé et je lui fais comprendre qu'il faut que je retourne à l'hôtel chercher les documents de la remise officielle, que nous avons fait traduire.

J'arrive à l'hôtel, je demande à mon épouse les papiers de la remise officielle.

— Alors ? Ça s'est bien passé ?
— Je n'ai pas trop de temps pour te parler, il faut que je reparte de suite au consulat mais normalement ça devrait aller et j'ai réservé les billets retour pour le 19.

Elle prend le dossier et me dit de l'attendre : elle vient avec moi.

De retour au consulat, je montre au gardien le badge et nous entrons directement pour nous rendre au bureau concerné. Personne ne répond : mince, peut-être que nous sommes revenus trop tard ? Nous attendons dans le couloir : une femme s'avance, nous lui expliquons et elle nous indique que la personne n'en a pas pour longtemps. Nous attendons donc une dizaine de minutes et la voyons arriver. Mon épouse lui remet les documents.

— Alors, c'est lui le bébé ? Qu'il est mignon !

Elle s'assoit et prend son temps pour lire, prend la feuille du témoin, nous regarde et nous dit :

— Le visa, normalement, vous l'aurez demain. Donnez-moi le passeport de votre fils.
— Merci, nous avons notre avion le 19, donc, c'est super.
— Ne vous précipitez pas, nous allons faire une enquête.
— Comment ? Une enquête ? Mais une enquête sur quoi ? Il n'y a rien de particulier !

Heureusement que mon épouse est bien assise, mais

ses yeux trahissent son profond désarroi et sa révolte. Il est vrai que depuis le début, nous sommes soumis au régime des montagnes russes : grands instants de bonheur et sentiment de réussir enfin, puis obstacles à chaque fois perçus comme insurmontables. Sur le moment, j'ai cru le pire.

— Votre adoption est trop rapide, nous devons nous renseigner.
— Mais les billets d'avion, comment allons nous faire ?
— Ça monsieur, je n'y peux rien.
— Bon, bon puisque nous n'avons pas le choix...
— Vous m'en voyez désolée, nous vous tiendrons au courant.

Bon sang, je ne peux pas m'empêcher de faire voir ma déception. Oh, je suis mal, très mal ; et s'ils découvrent quelque chose qui ne leur convient pas, s'il y a une erreur dans le dossier ?

Nous repartons, totalement abattus par ce nouveau tour des événements. Nous rentrons à l'hôtel : l'homme de confiance essaie de nous rassurer, il a bien compris que quelque chose n'allait pas.

Je lui demande de me conduire à l'agence pour annuler le vol du 19. L'hôtesse me demande si on est bien sûr d'annuler. Elle nous propose une option pour le 21, si ça nous convient. Je réponds que oui et elle nous enregistre donc pour le 21 janvier.

Je rentre à l'hôtel, Marie tente de nous rassurer en nous assurant que nous aurons bien le visa, qu'elle ne voit pas pourquoi il y aurait un problème.

Une heure plus tard, notre « Ange » nous appelle.

— Alors, avez-vous passé une bonne journée à Vung Tau ?
— Oh que oui, merci, cela nous a fait vraiment du bien, encore merci.

— Oui, c'est normal, et puis maintenant vous pourrez dire à vos amis et à votre famille que vous vous êtes baignés dans la mer de Chine... Bon, et pour les papiers, ça va ? Vous n'avez pas de soucis ? Tout va bien, n'est ce pas ?
— Euh, on attend le visa de notre fils,
— Oui, ne vous inquiétez pas, vous aurez le visa, je vous le promets, c’est une simple formalité. Prenez le temps de respirer.
— Comment pouvez-vous savoir pour le visa ?
— Oui, je le sais. Ne vous inquiétez pas, je vous dis. Allez vous promener, visitez la ville ; je me rends à Hô Chi Minh demain avec mon mari, nous nous verrons bientôt, à demain, monsieur.

Le soir nous partons manger dans un restaurant du quartier, pas très loin de l'église. La salle se trouve au deuxième étage, encore un superbe restaurant mais une carte simple. Je prends une *pho,* du pâté impérial et un canard laqué, j'ai faim et je mangerais un bœuf. On m’apporte cette soupe avec des ingrédients dans un plat à côté, à ajouter selon notre choix : des germes de soja, des crevettes, des fines herbes. Je me dis : tiens, ils ont mis des fraises coupées en fines lamelles. Original, pourquoi pas ? Je vais en mettre pour goûter. Ah oui, me dit mon épouse, ça a l'air vraiment original, c’est la première fois que je vois ça. Notre bébé se met à pleurer, une jeune fille vient prendre notre enfant dans ses bras et le berce.

Je mets quelques ingrédients dans ma soupe ainsi qu’une cuillère à café de fraises, je mélange et je goûte à pleine cuillère. Tout à coup, une espèce de chaleur m’envahit la bouche, les lèvres me brûlent, je deviens rouge comme une purée de tomates, je retiens des hurlements en serrant les dents, je prends un grand verre d’eau, des clients se tordent de rire, les serveuses et serveurs aussi, mon épouse éclate, mon fils pleure. Et moi, je brûle, j'ai le feu, vraiment j'ai le feu et ça commence à descendre vers l'estomac, je sens le trajet, je me demande quand ça va s'arrêter.

J'avale au moins un demi-litre d'eau mais plus je bois, plus ça brûle ; je mets par-dessus du pain blanc, je me lève et je file aux toilettes où je me passe la tête sous l'eau, je laisse couler l'eau dans ma bouche grande ouverte. Ça commence à se calmer, je sors des toilettes pour rejoindre notre table : à peine la porte passée, tout le monde se met à rire, j'éclate de rire à mon tour, le serveur vient me voir et me fait comprendre en souriant qu'il est vraiment désolé pour ce qui m'arrive. Ma femme, elle, est morte de rire, même le bébé a arrêté de pleurer et se met à éclater de rire. Je sors mon bol de soupe de devant moi et je regarde les fameuses fraises : mon Dieu, je me suis bien fait avoir, c'est du piment, mais du vrai piment ! À la vue, on aurait dit une fraise coupée en deux puis émincée finement : de retour en France, j'irai faire un petit tour chez l'ophtalmo...

Nous avons perdu un peu de temps : on m'apporte le canard laqué et les nems piqués dans un fruit du dragon, la décoration est splendide. Ils ont reproduit un oiseau, c'est magnifique. Je m'empresse de commencer le canard et la douceur du plat me soulage. Méfiant, je goûte un tout petit morceau de nem : là, ça va, ça ne pique pas. Nous terminons notre repas et nous rentrons à notre hôtel. J'ai bien eu peur de partir faire un tour à l'hôpital, vraiment, c'était tout juste !

Le lendemain, nous prenons notre petit-déjeuner comme d'habitude et nous appelons Nhu. Nous demandons à Marie où trouver un endroit calme pour passer la journée. Elle nous indique un superbe parc dans le district 1. L'entrée ne paie pas de mine, mais derrière, c'est comme dans un conte de fées, le décor est magique. Des arbustes taillés en forme de dragons d'une trentaine de mètres, des bonsaïs par dizaines, d'immenses sculptures, de belles reconstitutions faites de cuillères en porcelaine Chinoise. Un lac et des nénuphars, une île que nous pouvons rejoindre à pédalo et une passerelle que nous empruntons ; plus loin, une grande roue, un petit train qui fait le tour du parc et vous dépose où vous voulez. Les couleurs sont vives et superbes.

À un détour du parc, des éléphants sont enchaînés par une patte : je n'aime pas ; plus loin le coin des crocodiles et, sur un bateau, des touristes locaux leur donnent à manger à l'aide d'une perche : un crocodile fait un bon de plus d'un mètre hors de l'eau pour attraper la nourriture, ils sont vraiment impressionnants et nombreux ; je passe sur une passerelle et en dessous, des lamantins. Je filme, je prends des photos.

Sous une serre, un véritable jardin botanique, à l'extérieur, des fleurs partout. Au milieu, des couples se promènent et dans un endroit particulièrement décoré, de jeunes mariés se font prendre en photo. Sur une grande place, un groupe d'hommes et de femmes font des mouvements synchronisés quasi militaires sur une musique forte et rythmée ; au bord du lac, un pêcheur. Je m'attarde, regarde le bouchon, constate qu'il a une touche mince, mais il la manque et j'attends un peu dans l'espoir de voir un poisson sortir de l'eau. Je me retourne : Nhu, mon épouse et le bébé ne sont plus là, ils ont disparu. Je laisse le pécheur et pars à la recherche de ma femme et de mon fils, qui n'étaient pas très loin.

Après nous être désaltérés d'un jus de fruit, nous nous dirigeons vers une montagne de roche artificielle, d'une trentaine de mètres, munie d'une grande barrière de protection : en contrebas, des biches et des chevreuils, de nombreux autres animaux et beaucoup de petits singes qui s'agitent sur le rocher.

Il est un peu plus de onze heures quand mon téléphone sonne : je ne reconnais pas le numéro.

— C'est qui, me demande mon épouse ?
— Je ne sais pas… Allô ?
— Bonjour monsieur, c'est le consulat.
— Oui, bonjour madame ! C’est le consulat, dis-je en aparté à ma femme, j’espère qu'il n’y a rien.
— Allô ? Ah vous êtes là, mon appel concerne le visa de votre fils
— Euh oui ?
— Bien, il est prêt. Vous pouvez venir le chercher dès aujourd’hui.
— Maintenant ?
— Oui, oui, quand vous voulez, venez avant la fermeture.
— Alors, me demande mon épouse, qu’est-ce qu’il y a ?
— Oui, oui, il y a quelque chose… le visa est prêt !

Ni une ni deux, nous arrêtons sur le champ notre visite et appelons le taxi pour rentrer à l'hôtel ; ne pouvant joindre l'homme de confiance, je décide d'y aller seul.

Je présente mon badge et file directement vers le bureau : une personne attend devant la porte mais son tour vient rapidement et ça ne dure pas longtemps si bien que le mien arrive vite.

— Bien monsieur, vous savez, je suis encore dans le doute : pour moi quelque chose cloche : l'efficacité et la rapidité de cette adoption, selon moi, ce n'est pas très normal.
— Mais madame, vous m'avez appelé pour me dire de venir chercher mon visa et moi je ne peux pas vous dire quoi que ce soit de plus : je vous ai tout dit.
— Oui, oui, mais quand même, pouvez-vous me dire si quelqu'un vous a aidé ?
— Non madame, nous sommes venus chercher notre enfant comme je vous l'ai dit et écrit sur la feuille, c'est la directrice de l'orphelinat qui s'est occupée de tout.
— Et pour les papiers, les traductions ?
— Oui madame, la directrice a dû se charger de tout. Vous savez, je ne comprends pas le Vietnamien, donc je ne peux pas vous dire grand-chose sur ce qui a été dit et fait. Mais ce qu'il y a de sûr, c'est que nous avons fait entièrement confiance à cette dame et que nous n'avons eu aucun problème avec qui que ce soit ; d'ailleurs, comme vous le voyez, la remise officielle a eu lieu le 11 janvier.
— Hum, hum, oui, bien.

Mais qu'est-ce qu'elle a ? Qu'est-ce qu'elle me cherche ? Des poux sur la tête ? Elle n'en trouvera pas puisque je n'en ai pas…

Elle revient un instant plus tard, le visage un peu plus rassurant, sort d'une enveloppe le passeport de mon fils :

— Tenez, monsieur, votre demande de visa a été instruite et acceptée, nous l'avons reçue ce matin.
— Cela a été très vite, merci madame !

Je constate que sur le visa a été inclus l'espace Schengen, pour le cas où. Elle me regarde, lâche enfin un sourire.

— Je vous souhaite un bon retour en France, reprend-elle, soyez heureux vous et votre famille, je vous souhaite un bon voyage.
— Au revoir madame, et encore merci.

Je suis prêt à sortir quand elle m'interpelle à nouveau : quoi encore ?

— Euh oui ?
— Monsieur vous avez oublié quelque chose… Pouvez-vous me remettre le badge ?
— Oh ! excusez-moi, oui, tenez le voilà, au revoir madame.
— Au revoir et encore bon voyage.

ENCORE UNE DOSE D'ADRÉNALINE...

A peine sorti, je téléphone à mon épouse pour lui annoncer que j'ai le visa : elle est ravie et sanglote.

— Enfin, nous allons pouvoir rentrer chez nous. Tu reviens de suite ?
— Non, je vais directement confirmer notre vol et récupérer les billets, j'arrive ensuite.
— Oui, ne tarde pas, «l'Ange» est à l'hôtel avec son mari, ils t'attendent.
— Ils sont là ?
— Oui, attends, je te la passe…
— Bonjour monsieur, vous allez bien ?
— Oh oui, que oui, je vais très bien
— Vous voyez, quand je vous disais depuis le début de ne pas vous inquiéter.
— Oui, oui ! Mais vous comprendrez aussi que pour nous il y a eu des situations difficiles à vivre. Vous êtes revenue des États Unis pour une nouvelle adoption ?
— Non, non, nous sommes juste venus vous dire au revoir ; nous vous attendions et nous allons en profiter pour rester quelques jours.
— Madame, vous êtes vraiment un Ange pour nous, vous

me permettez de vous appeler mon Ange ? Vous êtes notre Ange, vous êtes un amour.

— Merci, vous êtes très gentils mais c'est surtout la directrice qui est responsable de votre bonheur ; mais si vous le dites !... à tout à l'heure.

Avec du recul, maintenant que toutes ces épreuves sont derrière nous, je suis sûr que nous sommes réellement tombés sur la personne qu'il nous fallait : elle a un charisme, une prestance, une force exceptionnelle ! Elle obtient je ne sais comment et par quel moyen ce qu'elle a décidé, tout ce qu'elle veut. Je crois aussi comprendre qu'elle doit être une pièce maîtresse pour la directrice de l'orphelinat et pour les adoptants.

J'arrive à l'hôtel quelques minutes plus tard : ils sont tous là, à m'attendre. Je passe le seuil de la porte en brandissant le passeport, ouvert sur la page du visa ! Le bébé est dans les bras du mari de « l'Ange », on applaudit, on se félicite, ça y est, c'est fait ! Nhu a les larmes aux yeux, l'homme de confiance comme à son habitude me fait un clin d'œil en hochant la tête. Nous commandons une bouteille de champagne pour fêter ce moment et sceller notre sympathique amitié.

Nous portons un toast à la santé de tous ceux qui ont participé à notre aventure, nous pensons aussi à nos amis, à la famille en France, à l'Ambassadeur de France à Hanoï, aux employés de celle du Vietnam en France. Quelle belle aventure, quelle belle histoire, quelle belle bataille, que d'émotions ! Pour mon épouse et pour moi aujourd'hui, c'est et ce sera à jamais la plus belle des choses qui nous soit arrivée. La plus belle période de ma vie, de notre vie.

Nous prenons quelques photos tous ensemble, sauf notre Ange qui ne souhaite pas apparaître. Nous respectons bien sûr son choix, mais avec regret, et il nous restera d'elle son visage, à jamais gravé dans notre mémoire.

Nous passons une super nuit, la plus belle. Au matin, je fais un tour sur la terrasse observer le chantier d'en face. Il est toujours en pleine activité, le nouveau plancher du troisième étage est terminé et ils enlèvent l'étayage de bois.

Le bébé dort. Mon épouse vient me rejoindre, nous regardons autour de nous, comme si nous ne voulions pas oublier l'endroit où nous avons passé notre séjour, du plus dur au plus beau, comme si nous voulions nous imprégner de ces derniers moments.

— Enfin ! me dit mon épouse en regardant vers la chambre, il est à nous, rien qu'à nous, c'est notre enfant, ton fils, notre fils.

— Oui, ma chérie, nous nous sommes battus, nous n'avons jamais baissé les bras malgré toutes les difficultés que nous avons pu rencontrer, depuis ton départ en septembre vers l'inconnu. Il est le fruit de notre bataille et de notre amour.

— Dans deux jours nous rentrons chez nous : qu'allons nous faire d'ici là ?

— Écoute, lui dis-je, toi tu connais un peu Hô Chi Minh. Alors j'aimerais aller dans les endroits où tu as passé des moments difficiles : ce serait une façon de laver les angoisses qui nous ont rongés, où tu as mangé, dormi …

— Oui, nous n'allons pas pouvoir tout faire en deux jours bien sûr, mais comme tu me l'avais demandé, je vais te présenter à Xavier et à sa famille, tu verras ils sont vraiment sympathiques, et en même temps nous lui présenterons notre bébé.

Nous descendons prendre notre déjeuner et voyons le voisin de chambre qui m'avait prêté sa clé USB ; il est assis à une table en train d'enlever la peau d'un énorme pamplemousse tout juste acheté sur le marché.

Il se lève et nous serre la main, il nous félicite.

— Bravo pour ce que vous avez fait ! Vous allez rendre cet enfant heureux, encore mes très sincères félicitations.

— Merci, nous aussi nous sommes très heureux, et surtout de voir la fin de cet épisode, épuisant mais lumineux.

Marie nous porte notre déjeuner.

— Vous savez, nous dit-elle, moi aussi je suis très heureuse pour vous ; maintenant votre séjour touche à sa fin, vous devez être soulagés ?

— En effet, nous allons très bien maintenant… Vous aussi, Marie, vous êtes très radieuse ce matin ?

— Je suis très heureuse car ce soir, je marie mon fils ; mon mari et moi serions ravis si vous acceptiez notre invitation, nous serions vraiment très heureux de vous avoir avec nous, à notre table.

Mon épouse lui répond sans hésitation que ce sera avec grand plaisir.

— Alors, je vous donne l'adresse pour vous y rendre. Voici une carte de visite, vous la donnerez au taxi, il vous déposera devant l'immeuble des cérémonies. Ce n'est pas très loin d'ici. À ce soir, je dois me préparer.

Accompagnée de sa maman, Nhu nous rejoint à l'hôtel. Sa mère est une femme adorable ; mais à vrai dire, au Cambodge comme au Vietnam, j'ai l'impression qu'ils sont toutes et tous pareils : même s'ils sont pressés, ou fatigués, j'ai toujours rencontré des gens qui vous sourient, rien ne transparaît de leur souffrance. Par exemple, et ce n'est qu'un exemple parmi beaucoup d'autres : nous rentrions un jour en taxi du centre-ville, l'avenue est embouteillée et nous avançons pas à pas. Je filme depuis l'intérieur du véhicule quand je vois un homme lever une masse, au-dessus d'un autre homme qui tient dans ses mains un burin entouré d'un chiffon, il fait très chaud et l'homme transpire. Surpris, j'arrête de filmer et regarde plus attentivement : l'homme est accroupi devant l'entrée d'une résidence, et l'autre frappe sur le burin avec violence, je comprends qu'ils découpent le macadam ; je dois dire que j'ai peur pour celui qui tient le burin : si son collègue loupe l'outil, j'imagine les conséquences, il peut lui fracasser le bras… Jamais je ne tiendrais un burin dans ces conditions, pas même pour mon meilleur ami ! Tout à coup, il lève la tête, nos regards se croisent et il m'adresse un grand sourire. Et voilà, malgré la fatigue, la chaleur, le danger, il arrive à sourire... Nous aurions beaucoup à apprendre, y compris de savoir sourire mais dans une situation difficile, sans doute avons-nous trop pris l'habitude du confort.

Accompagnés de Nhu et de sa maman, nous partons dans le quartier des routards : mon épouse m'y montre les restaurants français, irlandais, etc., ceux où elle a eu l'occasion de manger. Nous nous arrêtons au dernier dans lequel elle s'était arrêtée avant de repartir pour la France. Un bon restaurant : j'y trouve même mon apéritif préféré.

En début d'après midi, nous partons rendre visite à Xavier. Je reconnais l'entrée, sa *guest house*, grâce à la photo que mon épouse m'avait envoyée en septembre dernier : la grille de protection, le portail vert foncé, derrière un gros 4X4, c'est bien ça. Xavier est fou de joie de revoir mon épouse et tout heureux de me rencontrer ; il s'approche de la poussette :

— Oh ! Bravo ! Encore bravo, vous avez réussi, vous êtes formidables ! Et en plus, il est vraiment beau. Asseyez-vous donc, je vais chercher mon épouse.

— Viens, me dit ma femme en me prenant la main, je vais te montrer l'établissement. Tu vois là, au fond, la rangée d'ordinateurs : c'est de là que je communiquais avec toi.

Et l’escalier que tu vois mène à la chambre ; à l’intérieur, j'avais tout, même un grand frigo dans lequel je pouvais mettre mes provisions : boissons, yaourts, que j’allais acheter dans un grand magasin tout près d'ici.

Quelques instants plus tard, Xavier revient avec son épouse, une très belle femme. Elle demande de prendre le bébé dans ses bras – Xavier nous fait la traduction – l'embrasse, lui fait des câlins. Quel beau bébé, nous dit-elle en français.

— Comme nous sommes heureux de vous revoir, nous dit Xavier. Et heureux aussi de voir que les enfants de notre pays qui se retrouvent seuls, abandonnés, ont au moins cette chance de pouvoir construire leur vie grâce à vous, grâce aux adoptants. Je peux vous dire que nous devons le respect à des gens comme vous.

Il nous offre un cocktail et nous entamons une longue discussion. Il revient sur le séjour de mon épouse, me raconte les moments difficiles et pénibles qu'elle a rencontrés. Nous avons même parlé *business*, nous nous étions mis d'accord sur un projet d’importer en France un container de raquettes à moustique avec batterie rechargeable. Mais ce projet n’a pas abouti. Xavier est un super gars, qui a vécu en Suisse avant de retourner au Vietnam pour se marier et s’y installer définitivement.

Il ne fait pas encore nuit : nous demandons à Nhu de nous rejoindre au magasin près de chez Xavier. Nous voulons y faire quelques courses, acheter du lait en poudre, des biberons supplémentaires et des couches. Nous prévoyons une douzaine de biberons, et nous les donnerons à préparer aux hôtesses. Pour des raisons de sécurité, nous ne sommes en effet pas autorisés à faire nous-mêmes le mélange de poudre de lait et d'eau. Il en faut bien une douzaine en effet, car le vol de retour prendra au total 27 heures avec l'escale à Bangkok, plus celle de Paris et le transfert vers Bordeaux Mérignac, il vaut mieux prévoir large.

Nous arrivons donc peu après au magasin, avec Nhu. Je suis surpris, car jusqu'à présent je n'avais vu que de petits commerces, des échoppes, à part le magasin où j'avais acheté la caméra. Là, c'est un vrai supermarché, grand, avec des boutiques. Comme il nous reste quelques dongs et quelques euros, nous nous faisons plaisir en achetant en plus des cadeaux pour Nhu, des vêtements pour le bébé et du chocolat.

À la caisse, un petit garçon de 9 ans environ reste derrière moi : il a l'air d'être seul. Je fais attention à mes poches, mais il me regarde souvent, un regard insistant et souriant. Nous avons une quinzaine de mètres à faire pour sortir du magasin : il est toujours là, se colle à moi, je le signale à mon épouse :

— Ce petit garçon a dû perdre ses parents dans le magasin, ce n'est pas possible qu'il me suive comme ça.

Nhu lui pose la question. Il recule.

— Alors, Nhu, dites-moi ?
— Non, il n'a pas perdu ses parents, et je lui ai dit d'arrêter de vous suivre.
— Ah ! Merci Nhu, je commençais à me poser des questions.

Nous reprenons donc le chemin de la sortie, l'enfant ne bouge pas, il me regarde et a l'air déçu ; puis il se retourne pour regarder derrière lui. Je lève les yeux et vois une femme qui me regarde elle aussi, son regard veut manifestement me dire quelque chose. Puis elle prend le petit garçon par la main et s’approche de moi. Je m'arrête : que me veut-elle ? Je n'ai même pas le temps d'appeler Nhu qu'elle prend la main du petit garçon et avec ses petits doigts, il s’accroche à la mienne, La femme a le regard qui brille, elle me fait signe de la tête de partir en souriant. Quoi ? Elle me faire comprendre de partir avec son enfant ? Non ce n'est pas possible, pas ça. Je n’y crois pas, elle veut que j'amène son enfant, que je parte avec son enfant ?

— Chérie, Nhu ! Je crie au secours : venez m'aider, Nhu venez vite m'aider, il faut que je sorte de cette situation, vite ! Chérie ! appelle un taxi, il nous faut partir de suite.

J'arrive difficilement à me dégager de sa main qui est comme soudée à la mienne ; je ne veux pas bien sûr lui faire mal. Bon sang de bon sang, enfin il me lâche…

— Écoute, lui dis-je en lui passant la main sur la tête, je ne peux pas t'amener avec nous. Nhu, expliquez-lui s'il vous plaît et aussi à sa maman. Madame, non, nous ne pouvons amener votre fils, il ne peut pas venir avec nous, ce n'est pas possible.

Je file vers la sortie, mon épouse m'appelle : viens vite, le taxi arrive, il rentre sur le parking. Je regarde la femme et lui fais non de la tête non, non, non, je ne peux pas. De son sourire jaillissent des larmes, je suis touché en plein cœur, putain ! Non, pas ça, non, je ne peux pas, je ne peux pas. Nhu, dites-lui que je suis désolé, nous ne pouvons pas faire ça, Nhu, dites-lui encore une fois que ce n'est vraiment pas possible.

Le chauffeur charge le coffre de nos achats et ouvre une portière, le petit garçon se met à courir vers moi ! J’entre vite dans la voiture et ferme la porte, la condamne même : le petit garçon s’arrête, se met à pleurer. Vite, Nhu, dites au chauffeur de partir de suite ; je regarde le haut des marches du magasin, la femme est toujours là, sans bouger, les larmes coulent sur son visage, elle me fait un sourire de désolation... J'ai les yeux humides, chargés d'émotions ; je ne devrais pas, mais je ne peux pas me retenir et je fais un signe de la main au petit garçon ; puis je tourne la tête pour regarder ailleurs : je ne veux plus le voir. Mon épouse et Nhu me prennent l'épaule : nous n'avons pas le choix, non, non, nous n'avons pas le choix. Et si nous l'avions eu, je n'aurais pas pu, non, pas pu séparer un enfant de sa maman. Non je ne l'aurais pas fait. Moi non plus, me dit mon épouse, mon Dieu, que c'est dur de voir cette femme prête à ne plus voir son enfant pour qu'il puisse grandir dans un monde qu'elle croit meilleur.

Nous arrivons à notre hôtel : en plus des décorations de Noël, toujours présentes, a été ajoutée la décoration du mariage : des ballons et des cœurs. Deux employés sont présents seulement : une femme et un jeune homme. Ils nous remettent un mot que Marie a laissé à notre intention, nous disant qu'ils sont au mariage et qu'on les y rejoigne.

Nous nous préparons mais nous allons certainement avoir un peu de retard : le bébé dort et nous voulons attendre son réveil pour le changer et lui mettre la belle barboteuse bleue. Comme la cérémonie se trouve tout près de notre hôtel, nous décidons de nous y rendre à pied. Nous arrivons devant un immeuble joliment éclairé, un tapis rouge descend jusqu'au trottoir. Nous présentons notre invitation à un gardien qui nous accompagne dans l'ascenseur : il y a en effet plusieurs mariages et celui du fils de Marie se passe au troisième.

La fête et le repas ont déjà commencé ; ils n'ont pas la possibilité de traîner sur l'apéritif et doivent passer rapidement à table : d'après ce que j'ai compris, la location de la salle va de 20 heures à 2 heures du matin, pas avant ni après. Sur l'estrade, au fond de la salle, un groupe de musiciens et un chanteur interprètent une chanson de Claude François. La musique est forte, l'ambiance est exceptionnelle.

Deux cents invités environ sont présents, nous attendons avec notre bébé et une serveuse s'avance vers nous : nous lui montrons notre invitation, quand une femme d'une élégance à couper le souffle, à la coiffure magnifique et à la tenue sublime, s'avance vers nous. Je ne la reconnais que quand elle est toute proche de nous... Mon épouse ne l'avait pas plus reconnue, c'est son sourire qui l'a trahie !

— Regarde chérie, mais c'est Marie, elle est superbe !

Nous nous excusons pour notre retard en lui expliquant que le bébé s'était endormi. Ce n'est pas grave, nous dit-elle, vous avez bien fait de le laisser dormir ; elle nous fait asseoir à sa table et nous présente à toute sa famille.

Les tables rondes sont drapées de superbes nappes blanches avec des frises roses, les chaises sont recouvertes d'une housse blanche garnie d'un gros nœud papillon de tissus assorti, accroché au dossier. À la table, chacun nous félicite de notre adoption, nous sommes accueillis comme des membres de la famille. Au menu : cassolette de saint-jacques, sauce au gingembre légèrement piquante très goûteuse ; filet de bœuf servi saignant, juste comme j'aime, sauce aux poivres ; garniture de haricots verts et purée de carottes avec des champignons que je ne connais pas. Les plats sont très bien cuisinés, à la française ; c'est vraiment délicieux. Malgré le bruit et la musique extrêmement forte, notre bébé s'est endormi.

Un superbe gâteau à étage est servi à minuit pile, très bien décoré ; les mariés tranchent les premières parts, puis ils versent le champagne sur une pyramide de verres, une fontaine comme on dit dans le métier.

Il est presque deux heures du matin, la fin de la fête approche : une sorte de « jarretière » a alors lieu et nous glissons dans une enveloppe un billet de 50 euros. Nous sommes un peu « flagada », peut-être le champagne, aussi prenons-nous un taxi pour rentrer à l'hôtel. Mais 10 minutes plus tard, le taxi roule toujours : je dis à mon épouse que ça ne va pas, que le taxi manifestement en profite ! Nous longeons maintenant le Mékong, passons au port d'Ho Chi Min… holà, chauffeur, mais où va-t-on ?... Je lui montre à nouveau l'adresse de l'hôtel, il me fait oui de la tête et continue ! Mon bon monsieur, vous êtes bien gentil de vouloir nous faire faire une visite de la ville *by* night, vous êtes bien sympathique, mais ce que nous voulons, c'est rentrer chez nous, à notre hôtel, vous comprenez ? On veut aller se coucher, dormir. Non mais, il veut sans doute nous prendre pour des touristes et nous ne pouvons lui dire, faute de parler le vietnamien. Nous allons entamer le deuxième tour … bon, comme ça, on aura découvert Ho Chi Min la nuit ! Nous commençons à perdre patience, mon épouse lui montre à nouveau la carte. Il opine toujours de la tête, mais à vrai dire, dit-il oui ou non ? On a du mal à comprendre, mais je crois bien qu'il se fiche de nous : je lui tapote l'épaule et lui montre que je vais téléphoner. Bizarre : enfin, le trajet se raccourcit et à peine quelques minutes plus tard, nous sommes à notre hôtel ; nous n'avons pas traîné ce coup-ci ! Il est quand même trois heures du matin, mais finalement nous avons fait une belle promenade en voiture et ça ne nous a coûté que quelques dongs de plus, ça ne va pas nous ruiner. Mais je dois quand même avouer que j'ai eu un peu peur : au pire, ce pouvait être un enlèvement ou bien je ne sais quoi !

Nous nous endormons rapidement et je me réveille vers six heures du matin : j'en ai pris l'habitude maintenant, c'est comme ça depuis le début de notre séjour. Je regarde mon petit garçon qui dort, je sors sur la terrasse : c'est calme aujourd'hui, juste quelques bruits au loin vers le marché couvert ; il fait un peu plus frais que d'habitude et une averse vient de tremper le toit des immeubles, l'eau ruisselle le long des murs, un léger brouillard se lève au-dessus des bâtiments. À son petit cri, j'entends que le bébé se réveille et je descends lui préparer le biberon : personne en bas, tout le monde dort.

Nous sommes le 21 : c'est le grand jour, celui de notre départ. Je pars faire un tour sur le marché, les commerçantes me reconnaissent maintenant ; je me promène, détendu, je prends le temps de tout regarder, je filme ces derniers instants. J'achète quelques fruits et du pain blanc pour notre déjeuner.

Mon épouse est déjà debout lorsque je reviens.

— Bien dormi ?
— Oui, ça va, malgré l'histoire de cette nuit, j'en ai cauchemardé !
— Tu m'étonnes, je comprends, il faut le signaler à Marie. Toujours personne en bas, ils dorment tous.
— C'est vraiment sympa qu'elle nous ait invités à ce mariage. J'ai envie d'un café, je redescends, tu viens ?
— J'arrive, je change notre bébé avant.

Dans la cuisine, je prépare le café, mon épouse me rejoint avec notre fils : nous sommes bien, ce matin, très bien même. Le voisin de l'étage vient nous rejoindre.

— Comment allez-vous ce matin ? Pas trop mal à la tête ? Ce sont vos derniers moments au Vietnam, je crois. Je vais sur le marché chercher des fruits, je reviens.

— Non attendez ! Nous en avons, j'y suis allé ce matin et j'ai votre fruit préféré…

Je lui montre un gros pamplemousse

— Ah ! Si vous me prenez par les sentiments...

Je vais lui faire chauffer du café et du lait, je ramène un plateau avec de la confiture et du beurre. Nous prenons un peu plus le temps de discuter : il est architecte à la retraite et vit dans le Var.

— Je viens ici depuis que je suis à la retraite pour passer la période d'hiver, puis je rentre chez moi au printemps. Je vous avoue qu'ici, je suis très bien : je suis bien accueilli et en plus je me rends utile car je donne des cours bénévolement dans une école de jeunes étudiants.

Nous lui racontons notre aventure d'hier, à la sortie du magasin.

— Je ne suis pas étonné, nous dit-il, faire grandir des enfants n'est pas facile dans ce pays même si vous ne le voyez pas, même s'ils ne vous le montrent pas. Beaucoup de familles souffrent mais ils ont toujours le sourire.
Quand on regarde bien, qu'ont-ils, les enfants ici ? Ils vivent dans une fourmilière, dans le bruit et la pollution ; ils sont enfermés entre quatre murs, leurs parents travaillent dur, les salaires sont bas. Mais ils y sont habitués, ils ne s'aperçoivent pas, ou peu, de leur situation : le Vietnam est passé du communisme à une république socialiste il n'y a pas très longtemps, alors il reste beaucoup à faire.
Cette femme a vu des Européens, elle vous a vus avec un enfant du Vietnam, elle a voulu vous le donner pour qu'il puisse être heureux, pour le sortir de ce monde,

pour qu'il soit libre. Ce doit être dur pour une femme, c'est un geste de survie pour son fils : comme vous l'avez vu, il y a beaucoup d'enfants abandonnés, les orphelinats sont pleins.

— Oui, comme vous dites. Il est vrai que nous n'avons pas trop fait attention à ce qui se passait autour de nous, tellement notre esprit était occupé par autre chose.

— Comme je vous comprends. Votre bébé connaît un tournant important de sa vie, il va avoir tout ce qu'il veut. Lui est sauvé, il a beaucoup de chance.

— Certainement, monsieur, mais nous aussi ! Oui, nous aussi, je vous l'assure, nous avons eu beaucoup de chance.

— Avez-vous des enfants ? Ils doivent être grands ?

— Non, non, nous n'avons pas d'autre enfant, c'est notre premier. Je ne sais pas quand, mais j'écrirai notre histoire, j'espère qu'un jour elle sera publiée et que vous pourrez la lire.

— Vous partez ce soir ?

— Oui, nous devons être à l'aéroport vers 17 heures.

— Alors je ne vous reverrai certainement pas, je vous souhaite un bon retour et plein de belles et bonnes choses pour l'avenir.

Il est huit heures, nous débarrassons notre table et montons rassembler nos affaires, fermer nos valises ; nous préparons un sac de vêtements chauds que nous garderons en cabine. Sur *TV5 monde*, ils annoncent en France des températures en dessous de zéro, brrr il fait froid sur Paris !

Nous appelons Nhu pour lui dire que nous sommes prêts pour le départ et que nous serions heureux qu'elle vienne avec sa mère déjeuner avec nous. Il est 10 heures, mon épouse me presse car il nous faut aller à l'orphelinat pour dire au revoir et je dois passer à la banque faire un dernier retrait.

A mon retour, Marie est là, elle vient tout juste de se réveiller.

— Ça y est, vous êtes fin prêts à partir ?
— Oui ! La cérémonie était très belle pour le mariage de votre fils, bravo ! Tout était parfait.
— Merci ! Je suis heureuse, et maintenant il me tarde d'être grand-mère. Nous rions de bon cœur.
— Les décorations de Noël, vous les gardez longtemps ?
— Un mois, et nous continuons avec la fête du nouvel an chinois, le *têt*.
— Ah ! Le réveillon chinois, très bien.
— La fête du *têt,* c'est de la folie pure, jour et nuit, cela ne s'arrête jamais.

C'est bien dommage que nous ne puissions voir ça, nous aurions bien aimé, mais nous n'allons pas rallonger notre séjour.

— Vous partez maintenant ?
— Non, nous allons à l'orphelinat pour dire au revoir, nous leur donnerons des vêtements pour bébés et nous n'oublions pas le chocolat !
— Ah bon très bien, nous nous verrons donc tout à l'heure ; je vous appelle un taxi ?
— Merci, volontiers. À propos, il nous est arrivé une drôle d'aventure cette nuit. Nous avions pris un taxi pour rentrer de la cérémonie, le chauffeur nous a fait faire presque deux fois le tour de la ville, on commençait à avoir peur.
— Vous avez le nom du taxi ?
— Oui, je vous le donnerai quand je redescendrai.
— Il faudrait aussi son numéro.
— C'est bon, je l'ai noté.

Il est vrai qu'il ne faut prendre que les taxis vert et blanc, ce sont les meilleurs, c'est la plus sérieuse des compagnies. Or, ce n'est pas l'un de ceux-là sur lequel nous étions tombés.

Que d'émotion en entrant à nouveau dans l'orphelinat ! Nous montons à l'étage voir toutes les nourrices pour les saluer, nous leur montrons notre bébé, nous les remercions chaleureusement et les félicitons pour leur courage et leur travail ; par gestes bien sûr, puisque Nhu n'était pas avec nous ! Nous leur offrons bien sûr quelques tablettes de chocolat, qu'elles aiment tant. Je ne veux pas entrer à l'intérieur, je ne veux pas voir ce bébé qui m'a énormément touché et que j'aurais bien voulu ramener lui aussi avec nous, je ne peux pas oublier son regard. Nous nous rendons ensuite au bureau de la directrice qui avait dû être prévenue de notre arrivée, elle nous attend en effet avec son adjoint. Nous sentons en elle et dans son regard une grande force, elle ne cède pas à l'émotion. Nous lui donnons les sacs de vêtements : elles en sont très heureuses et nous remercient pour ce geste. Je leur donne également une partie de l'argent que je viens de retirer, en leur indiquant que c'est pour les enfants, mais que ça peut aussi servir aux femmes les plus démunies de l'étage ; elle nous remercie, mais elle est surprise, elle pince les lèvres, embrasse notre fils, essuie subrepticement une larme.

Nous retrouvons Nhu et sa mère pour déjeuner. Cette dernière, avant de partir, nous offre deux kilos de café moulu et emballé dans des poches de papier marron, un café exceptionnel nous dit-elle ; nous la remercions et lui disons que nous le goûterons quand nous serons en France. Nous partons déjeuner à notre « cantine », ce restaurant qui fait sa cuisine directement dans la rue ; la propriétaire vient vers nous, nous discutons brièvement de notre retour en France et du bonheur qu'elle éprouve à voir le bébé partir pour un autre monde.

Je lui demande si nous pouvons avoir une crevette que je vois cuire sur le brasero, je ne les ai pas vues sur la carte. Mais je suis seul à en vouloir, ma femme et nos invitées préfèrent en rester au menu. Bien sûr, me répond-elle, et elle me prend par la main et me fait entrer dans l'immeuble d'en face ; à l'intérieur s'activent des cuisiniers et au centre de la pièce, un aquarium de plus de 1000 litres avec de belles et magnifiques crevettes. Elle me propose de choisir et je m'arrête sur celle qui me paraît être la plus grosse : elle a des pattes très longues, un corps rond et charnu. Elle prend une épuisette et la sort hors de l'eau, puis la pèse.

— Monsieur, maintenant, allez à table et nous allons vous la servir.

Je vois passer ma crevette, on la pose sur le gril ; l'odeur de la cuisson me donne davantage faim, j'entends sous la chaleur de la braise le craquement de la carapace, je me frotte les mains : je vais me régaler ! On me l'apporte, elle déborde de l'assiette, quel plaisir, quel délice, que du bonheur !

Nous rentrons assez tôt à l'hôtel pour être sûrs d'être à l'heure, régler la facture de notre séjour : 180 €, ce n'est vraiment pas cher avec le petit déjeuner et notre linge lavé et repassé. Quelques photos de toutes les personnes présentes de l'hôtel, nous vérifions nos passeports, nous sommes enfin prêts pour rentrer chez nous. Je téléphone aux amis, à la famille pour leur indiquer notre heure d'arrivée à Bordeaux-Mérignac.

Il ne nous reste plus qu'à nous quitter : tout le monde est très ému bien sûr, nous montons dans le taxi et derrière nous, tout le personnel sorti dans la rue nous dit au revoir de la main jusqu'à ce que la voiture disparaisse de leur vue.

— Chéri ! C'est dur…
— Oui, oui, nous sommes vraiment tombés sur des gens incroyablement sympathiques, si généreux que nous ne les oublierons jamais.

Beaucoup de monde à l'aéroport : le taxi nous dépose devant l'entrée, le chauffeur pose nos bagages sur le trottoir. Ça y est, enfin nous y sommes : comme en accéléré, repassent dans notre pensée tous ces moments passés, les rencontres, les nouveaux amis, les durs moments qui bien sûr ne sont pas oubliés mais c'est comme s'ils avaient fondu pour laisser place à la joie de notre retour à trois. Nous rassemblons nos affaires pour les poser sur les chariots quand tout à coup nous apercevons Nhu et sa maman qui nous font signe :

— Regarde-moi ça ! Elles sont là, c'est pas vrai !
— Oh ! Comme nous sommes heureux que vous soyez là !

— Nous aussi, ma maman avait tellement envie de vous voir une dernière fois.

Mon épouse les serre dans ses bras, elles n'arrêtent pas de parler, les mots s'entrechoquent en voulant tous sortir à la fois, comme si elles avaient oublié de nous dire certaines choses, ou pour ne rien oublier de nous dire.

Nous étions sur le point de rentrer dans le hall d'embarquement, quand je vois arriver un employé de l'hôtel :

— Chérie, regarde qui est là ! Bon sang, quel plaisir de le voir lui aussi. Bien, maintenant il faut y aller et enregistrer nos bagages. Mon épouse prend notre bébé dans les bras.
— La poussette, dit-elle à Nhu, nous ne l'amenons pas, on vous l'offre.

Nous promettons que nous reviendrons et c'est l'ultime au revoir.

Les bagages enregistrés, nous nous rendons au guichet de la police des frontières avec nos passeports. Mon épouse me met le bébé dans les bras, présente son passeport, prend les bagages à main, elle passe de l'autre côté sans problème.

Je présente à mon tour mon passeport et celui de mon fils : le policier, un jeune homme au visage grave et fermé, prend les deux passeports. Mon épouse et moi nous sourions, elle se trouve à quelques mètres et attend que nous passions. Mais le policier regarde mon passeport, me regarde, son regard est insistant, il prend ensuite le passeport de notre fils, me fixe à nouveau, puis le bébé … il s'assoit, regarde les deux passeports, hésite encore et me jette un nouveau regard très dur cette fois.

Mon épouse se demande ce qui ce passe, je lui fais signe que je ne sais pas, je ne comprends rien.

Je vois bien qu'elle se pose des questions, moi aussi d'ailleurs : cela fait presque cinq minutes que je suis en attente de franchir ce guichet. Le policier se retourne vers moi, me regarde à nouveau et attend : je lui demande ce qui se passe, mais bien sûr en français et il ne peut me comprendre.

Mon épouse est maintenant de l'autre côté : si je ne peux pas partir, elle de son côté ne peut plus revenir et nous rejoindre... Faudra-t-il qu'elle rentre sur Paris puis se fasse refaire un visa et revienne ?

Nous sommes séparés, l'inquiétude grandit, d'autant plus que ni l'un ni l'autre ne comprenons rien à ce qui se passe. L'homme cesse alors de me regarder : toujours pas de sourire, au contraire même un regard dur, impénétrable. Mais ce n'est pas vrai, si ça continue l'avion va partir sans nous, enfin sans nous deux. Je le vois alors téléphoner, sans doute pour donner des informations sur le passeport et le visa de notre fils ? Après tout, je n'en sais rien. Puis il pose le téléphone, le passeport à côté, et me fixe encore une fois : ça devient lourd, très pesant, bientôt dix minutes que ça dure mais ça semble une éternité. Mon épouse n'en peut plus, je la vois énervée, presque au bord de la crise de nerfs.

C’est alors que tout en nous regardant tous les deux, il prend mon passeport et le tamponne : ça y est enfin, je suis soulagé, enfin ! Du moins je le crois… il me le tend en effet mais il garde celui de notre bébé ! Pas question ! Je ne prends pas mon passeport : les deux ensemble ou pas du tout ! Le policier le pose alors sur le bord du comptoir. Je parle assez fort pour que mon épouse puisse m’entendre :

— Il n’a tamponné que le mien ! Pars, chérie, si nous, nous ne partons pas, prends le vol sans nous, ne loupe pas l'avion ; tu refais un visa à Paris et tu reviens. Moi, je reste avec notre fils : s’il croit que je vais partir sans lui, c'est un malade !

Le policier reprend à nouveau le téléphone, puis le repose, me regarde à nouveau : putain, mais ça s’arrêtera quand ? Il reprend le passeport de mon fils, le referme, mais à quoi joue-t-il ? Je regarde mon épouse qui commence à pleurer, je lui fais signe de la tête d’y aller. Elle part à reculons, me fait des gestes de la main, je lui fais des signes en faisant rouler mes mains : « tu reviens, TU REVIENS » !

Elle envoie des baisers à son fils, je l'embrasse et le serre fort dans mes bras en lui disant : ne t'inquiète pas, ta maman va revenir. L'homme me regarde à nouveau, je ne bronche pas malgré ma colère, mais c’est difficile de ne pas exploser.

Puis il reprend le téléphone : sans doute a-t-il la confirmation qu’il attendait ? Enfin, il ouvre à nouveau le passeport, prend le tampon et frappe : il frappe dessus, il le tamponne : putain, que c’est bon ! Il saisit mon passeport laissé sur le bord du comptoir, rassemble les deux et me les remet. Je le regarde, presque incrédule : son regard fermé laisse échapper un sourire, je crois qu'il me dit en français bon voyage et du bout des doigts fait une caresse au bébé. Bon voyage ? Oui, je me tire et vite !

Mon épouse est déjà plus loin et va toujours à reculons ; je brandis les deux passeports et cours la retrouver :

— Allez, on file direct, on monte dans l'avion et on ne bouge plus, on ne bouge plus du tout : on ne sait jamais…

Nous n'avions rien compris à ce qui venait de se passer, moi le premier, alors autant se méfier tant que nous ne sommes pas arrivés en France.

Dans l'avion, l'hôtesse nous installe devant la cloison centrale. Sur cette cloison, elle fixe solidement une nacelle pour y placer le bébé ; nous lui donnons le sac de biberons que nous avons préparé avec des doses de lait en poudre, comme l'exigent les règles de sécurité.

Une dizaine de minutes plus tard, notre avion décolle ; un saut de puce puisque nous devions faire escale à Bangkok. À peine une heure après, il amorce effectivement sa descente vers Bangkok. L'atterrissage ne se fait pas en douceur… On entend semble-t-il les roues de l'avion taper le tarmac puis un grand silence et tout à coup une odeur de caoutchouc brûlé envahit la cabine ; des gens crient. Nous tenons la nacelle, on ne sait pas ce qui se passe, cela dure quelques instants : l'avion qui continue à rouler va-t-il percuter quelque chose ou prendre feu ? Rien de grave manifestement, plus de peur que de mal, et l'avion finit par s'arrêter : on nous fait tous descendre et entrer dans l'aérogare, nous prenons juste le nécessaire pour changer notre fils.

Nous sommes en attente d'un prochain embarquement, confinés dans une zone de transit : quelques boutiques seulement, nous prenons un café et de l'eau. Cela fait plus d'une heure que nous sommes là, notre bébé a faim et nous n'avons rien à lui donner car les biberons sont dans l'avion. Quelques passagers encore sous le choc s'impatientent mais des hôtesses arrivent :

— Nous avons du retard, annonce l'une d'elle, pour des raisons techniques ; merci de bien vouloir patienter encore un peu.

Ce n'est qu'après une attente de plus de deux heures qu'on nous demande enfin d'avancer vers les postes de contrôle pour montrer nos passeports ; cette fois-ci aucun problème… Enfin, nous remontons à bord et une hôtesse s'empresse de nous apporter un biberon pour le bébé.

L'avion décolle : nous faisons le point sur notre heure d'arrivée à Paris, car nous avons la correspondance à prendre pour Bordeaux aux alentours de sept heures. Nous n'arrivons pas trop à dormir, mais le bébé va bien, pour autant que nous lui donnions régulièrement ses biberons.

Peu de temps avant l'atterrissage à Roissy, une hôtesse nous propose de prendre quelques photos de nous trois dans l'avion, elle nous les enverra à mon adresse mail, que je lui donne bien sûr avec plaisir : excellente proposition !

Ça y est ! Notre avion atterrit, nous sommes en France ! Le jour va juste se lever, mais nous apercevons déjà par les hublots une gelée blanche… Nous emmitouflons chaudement notre bébé et nous-mêmes enfilons un pull et une veste, nous sortons de l'avion, le bébé dans les bras, et arrivons au terminal 2E mais il faut encore nous rendre au terminal 2F pour la correspondance. L'hôtesse qui nous guide nous presse. La fatigue, le manque de sommeil commencent à se faire sentir, j'ai mal aux jambes surtout à mon pied qui me handicape, suite à cette foutue opération ratée ; mon épouse, elle, est solide, très solide, elle résiste. Il nous faut traverser d'interminables couloirs, même si les tapis roulants facilitent la marche, nous nous faisons bousculer, les gens ne s'excusent pas, ne sourient pas, ils courent, ils sont pressés, nous aussi.

Au contrôle de police, l'hôtesse nous demande de nous dépêcher, car le vol ne pourra pas attendre. Mon épouse présente les passeports, passe avec notre bébé et récupère son sac. Je présente à mon tour mon passeport et les sacs que je porte, je les pose sur le tapis du scanner, ça y est je suis passé moi aussi, mais le policier me rappelle et me demande de me déchausser, de sortir ma ceinture : non, s'il vous plaît monsieur, nous allons manquer notre vol ! Je n'ai pas le choix, alors je m'exécute, j'enlève le plus rapidement que je le peux mes chaussures, ma ceinture, ce n'est pas possible, il le fait exprès : plus l'hôtesse dit de se dépêcher, plus il prend son temps… Plus de trois minutes perdues, il me redonne mes affaires et mon passeport, je remets mes chaussures, puis ma ceinture en marchant, je jette mon sac qui glisse et s'arrête aux pieds de notre hôtesse… je m'en excuse, mais elle me rassure en me disant qu'elle comprend mon énervement. C'est qu'en effet, je suis énervé, fatigué, j'en ai marre de ces contrôles : les informations sur nous, il les a puisque nous avons déjà passé deux contrôles avant lui ! Bon, sécurité oblige, on ne peut tout à fait leur en vouloir.

Nous arrivons devant la porte d'embarquement, mais trop tard : elle se ferme juste avant nous : l'hôtesse est vraiment désolée, elle nous dit qu'il nous faudra attendre le prochain vol pour Bordeaux, prévu pour 13 heures ! Mon

Dieu, mon épouse n'en peut plus, il ne nous reste que quelques biberons vides. L'attente va être longue et elle nous accompagne dans un espace café. Mon pied me fait mal, très mal, je dois prendre un calmant. La compagnie nous offre le petit déjeuner, et nous faisons faire un biberon.

Sans plus attendre nous informons les amis, qui sont probablement déjà à l’aéroport de Bordeaux-Mérignac, que nous avons manqué notre correspondance et que nous les préviendrons quand nous partirons.

L'attente est longue ; un jeune homme vient s’asseoir en face de nous, il a l’air triste. Nous regardons les gens, aucun ne sourit, nous non plus d’ailleurs. Nous nous étions habitués à autre chose, ici on ne voit que des gens tristes et pressés : où sont les sourires que nous avions pris l’habitude de rencontrer sur chaque visage ? D'un coup, le comportement des gens a changé, c’est comme si les gens faisaient tous la tête… Que ça fait bizarre ! Les sourires de là-bas nous manquent déjà ; quand ça n'allait pas, le regard des gens et leur sourire suffisaient à nous remonter le moral ; qu'ils sont tristes ici : on revient à la réalité, nous sommes en France, c'est différent.

Il est midi et demi, on annonce que notre avion en provenance de Londres a du retard : ça continue. Cette fois, on nous annonce 14 heures, nous n'en pouvons plus, ce sont les nerfs qui nous tiennent. Même sur la banquette, nous n’arrivons pas à fermer l’œil, à nous reposer, cela fait trente heures que nous n’avons pas dormi. Enfin notre avion est annoncé, nous allons pouvoir embarquer et nous prévenons famille et amis.

Le vol ne dure qu’une heure : nous atterrissons enfin à Mérignac, mais il nous faut encore attendre un bon quart d'heure pour commencer à descendre de l'avion, mon épouse et moi tenons à peine sur nos jambes. On a mal partout, le dos, la tête, tous les membres nous font mal et en plus pas de poussette… Je porte les sacs, mon épouse le bébé dans les bras, et nous passons la douane : allez, encore un effort, plus que quelques mètres pour récupérer nos valises. Nous sommes en face d'une paroi vitrée légèrement teintée et derrière j'aperçois la famille, les amis, qui font des gestes, qui sautent de joie.

— Regarde, chérie, ils sont tous là !

Mon épouse s'avance contre la vitre et leur montre notre bébé, pendant que j'attends les valises.

Le moral revient, je fais tourner au-dessus de ma tête le doudou, je prends la sucette que je suce… La satisfaction d'être enfin arrivés, le bonheur de nous retrouver, tout cela nous fait oublier la douleur, les attentes interminables.

La famille et les amis nous sautent dessus, ça y est, vous êtes là avec votre fils, s'exclament-ils en chœur, ça y est, vous avez réussi ! Ils nous applaudissent, l'émotion est à son comble, c'est énorme !

Nous prenons tous place à une table pour prendre un café, on en a vraiment besoin. Tous ? Non, il manque à nouveau notre Joe, décidément toujours absente pour les bons moments ! Les discussions s'enchaînent, ça n'arrête pas, nous pourrions parler ainsi des heures. Nous prenons enfin la voiture pour partir chez nous, à une heure de là.

Nous arrivons à la maison, nous sommes exténués, et pourtant ce n'est pas fini ! Nous avions à cette époque deux adorables petits caniches, et nous avions laissé les clés de la maison à mon beau-frère pour qu'il s'occupe d'eux, et les fasse sortir. On ouvre la porte : un désastre ! Les petits chiens avaient fait leurs besoins à l'intérieur, l'odeur était insoutenable. Il fait déjà nuit mais tout le monde s'active pour nettoyer.

Une fois la chambre remise en état, un ami s'empresse avec moi de monter le petit lit que la future marraine du bébé a ramené de chez elle : je n’ai plus de force, je n'arrive même pas à visser les écrous. Pendant que mon épouse s’occupe du bébé, les amis continuent à s’affairer, et au bout de plus d'une heure, tout est propre mais les odeurs persistent… Je regrette de n’avoir pas réagi sur le moment, la fatigue certainement, j’aurais dû avoir l’intelligence de dire : nous allons dormir à l’hôtel et nous verrons demain.

Nous n’avons pas faim, nous sommes épuisés après 37 heures de voyage, d’escale, d’attente, sans avoir pu dormir, pas même nous allonger. Mais notre bébé va bien, nous sommes chez nous, nous avons avec nous notre bébé dans notre maison : une autre vie va commencer, mais d’abord une nuit de sommeil !

Je t'aime mon fils.

Cette histoire je l'ai écrite comme je l’ai vécue, j’ai décrit ces moments comme ils se sont déroulés, comme j'ai vu ma femme les vivre. Nous avons fait ensemble ce dur parcours, qui finit par un pur bonheur : de la souffrance au bonheur !

Nous avons fait notre demande d’adoption plénière au tribunal de grande instance de Bordeaux très peu de temps après notre arrivée. Nous avons été convoqués le 11 janvier 2009, un an jour pour jour après la remise officielle par le comité populaire à Hô Chi Minh. Une belle journée d'émotion là encore, surtout devant la juge quand elle a prononcé l'accord. Ce jour-là, comble du bonheur, mon fils a prononcé son premier « papa » !

ÉPILOGUE

Nous avons tenu notre promesse : nous sommes revenus au Vietnam trois ans plus tard. Nous y avons passé de merveilleuses vacances. Les gens y sont restés les mêmes, leur comportement n'a en rien changé et le sourire est toujours là, omniprésent.

Marie est plus formidable que jamais, elle est grand-mère d'un petit garçon.

A l'orphelinat, encore et toujours plus d'enfants recueillis, la directrice n'a pas changé non plus.

Nhu a trouvé du travail chez un pêcheur, elle y occupe un poste de secrétaire, elle a rencontré l'amour. Nous lui avons offert ces trois semaines de vacances avec nous.

Nous avons séjourné à Vung Tau, dans le même établissement que celui qu'avait choisi pour nous notre « Ange ». Nous nous sommes baignés une nouvelle fois dans la mer de Chine. Notre fils a fait des châteaux de sable, comme tous les enfants, et la plage pour nous seulement comme avant.

Notre « Ange » ? Nous ne l'avons pas revue, elle vit toujours entre le Vietnam et les États Unis, elle profite d'une retraite paisible et bien méritée.

Nous avons refait tous les trajets comme si c'était un pèlerinage : les restaurants, notre cantine où j'ai repris une belle crevette grillée, les parcs, une partie du sud. Nous n'avons pas eu le temps d'aller dans la province du nord,

« la Baie de Ha long », nous irons lors de notre prochain voyage.

L'immeuble que nous avons laissé en construction a été démoli et remplacé par un autre, des bureaux de banques.

Nous voulions aller à Dalat, dont nous avions goûté un vin recommandé par le journaliste avec lequel nous avions dîné. La ville est située sur un plateau à l'intérieur des terres, on dit que là, c'est le printemps toute l'année. Nous y sommes arrivés à la fin du festival de la fleur, splendide manifestation. J'y ai bu à nouveau le même vin, mais nous avons cherché en vain le vignoble.

Nous sommes allés à Nha Trang, une superbe ville balnéaire, puis sur une île qui se trouve en face, et que l'on rejoint par téléphérique : on y trouve un magnifique parc d'attractions aquatique, Vinpearl, une superbe plage de sable fin, ainsi qu'un gigantesque aquarium d'eau de mer creusé à même la montagne. Il faut vraiment le visiter, cela fait partie des sites à voir.

Nous n'avons pas trouvé le vignoble, mais nous avons trouvé un « village des minorités », comme il y a en plusieurs au Viet Nam. D'immenses serres disputent la place à la culture en plein air, variée : des petits pois et des choux à la carotte, de la fraise à la cerise, le fruit du dragon, l'ananas, la banane, un beau mélange. Ils ne manquent de rien.

Ce livre, comme je l'avais promis, est dédié à nos amis, aux gens que j'aime. Tout simplement aussi et peut-être surtout pour que notre fils puisse le lire le moment venu, qu'il comprenne ce que nous avons vécu du début de sa vie, pour qu'il connaisse ainsi les détails de sa venue dans notre foyer, et qu'il s'approprie ainsi son histoire, notre histoire.

Et si cela peut donner du courage, de l'enthousiasme à des couples vivant la même situation, leur communiquer l'envie d'adopter, alors nous serons doublement heureux de leur faire partager le bonheur « au pluriel ».

Je tiens à remercier ici tous les amis qui ont participé activement à notre aventure, qui nous ont soutenus : la famille de mon épouse, particulièrement mon beau-père, ma belle-maman, mes beaux-frères et ma belle-sœur ; notre famille de cœur, Nicole, Joe, la marraine, le parrain ; et là-bas, Sœur Lucienne, Xavier, Marie, Nhu, l'homme de confiance, notre « Ange », la directrice de l'orphelinat ; et ici à nouveau : Xavier, notre voisin d'en face, mon ami d'enfance et sa famille, tous nos autres amis qui nous ont aidés ; et puis encore l'employeur de mon épouse, l'Ambassade du Vietnam à Paris, l'Ambassade de France de Hanoï, le consulat d' Hô Chi Minh, les hôtesses et le banquier.

J'ai une ultime chose à faire, capitale, avant d'achever ce récit : je veux couvrir de remerciements la femme qui vit à mes côtés depuis plus de 37 ans. Pendant toutes ces années, nous avons connu de bons et de mauvais moments, comme chacun bien sûr. Et toi, ma femme, ma compagne, tu as toujours fait face aux périodes difficiles de la vie. Et un désir obsédant t'a toujours habitée : avoir un enfant, me donner un fils. Comme l'a dit sœur Lucienne, tu as osé partir seule au bout du monde, dans une contrée inconnue, pour y chercher le fruit de notre bataille commune ; dans cet épais brouillard, tu as su trouver le chemin du bonheur, tu as trouvé la lumière qui m'a inondé à mon tour.

Merci pour ta volonté, ton courage, ta pugnacité sans faille ; quelle belle leçon tu me donnes, tu nous donnes à tous : tu as démontré que l'impossible n'existe pas. Ce bonheur à 9 ans aujourd'hui. MERCI !

Un très grand regret : je pense très fort à mon père qui n'a pas pu connaître son petit-fils car il est parti trop tôt, ou nous l'avons eu trop tard.

On l’a cherché

On ne l’a pas fait exprès, mais on l’a cherché
On ne l’a pas fait exprès, le bonheur nous l'avons
bien cherché
De Paris à l'Asie c'est là-bas qu'on l’a trouvé,
entre la baie d'Ha-long et le delta du Mékong
Un homme de confiance m'a accompagné,
«l’Ange» nous l’a donné
On ne l’a pas fait exprès mais on l’a cherché
On ne l’a pas fait exprès,
le bonheur nous l'avons bien cherché
Baigné dans la mer de Chine
Allongé sur le sable chaud de la plage de Vung Tau,
le bonheur barbote dans l'eau
On ne l’a pas fait exprès, mais on l’a cherché
On ne l’a pas fait exprès,
le bonheur nous l'avons bien cherché
Sous un soleil de juin, il joue au ballon dans mon
jardin
On ne l’a pas fait exprès, mais on l’a cherché
On ne l’a pas fait exprès,
le bonheur nous l'avons bien cherché
Femme d'Asie, femme, femme de Gop Vap, femme
au doux visage,
Tu resteras gravée à jamais dans le cœur de mon âme
On ne l’a pas fait exprès, mais on l’a cherché
On ne l’a pas fait exprès,
le bonheur nous l'avons bien cherché
Aujourd'hui le bonheur vit dans notre maison
On ne l’a pas fait exprès
Le bonheur on l’a trouvé

Mon fils,

Tu viens de lire cette histoire, ton histoire : continue la route que tu auras choisie, va au bout de tes envies et de tes souhaits, fais face, fonce, enlève les entraves qui pourront barrer ton chemin, ne baisse pas les bras et accomplis la mission que tu te seras donnée : tu n'en sortiras que plus fort.

Table

Relecture et mise en page : mon ami Xavier NAU.

IMPRIMÉ PAR LE VENT SE LÈVE...
À RIOUX-MARTIN (16) EN AVRIL 2017.

ISBN 979-10-699-0471-2
Dépôt légal : 2e trimestre 2017